La dépression sans reproche

Révision : Céline Sinclair
Correction : Anne-Marie Théorêt
Infographie : Chantal Landry

Catalogage avant publication de
Bibliothèque et Archives Canada

Lamy, Francine

    La dépression sans reproche

    1. Dépression — Aspect social.   2. Maladies mentales
— Aspect social.   3. Malades mentaux — Conditions
sociales.   I. Titre.

RC537.L35 2006   326.2'5   C2006-941645-1

Pour en savoir davantage sur nos publications,
visitez notre site : **www.edhomme.com**
Autres sites à visiter : www.edjour.com
www.edtypo.com • www.edvlb.com
www.edhexagone.com • www.edutilis.com

09-06

© 2006, Les Éditions de l'Homme,
une division du Groupe Sogides inc.,
filiale du Groupe Livre Quebecor Média inc.
(Montréal, Québec)

Dépôt légal : 2006
Bibliothèque et Archives nationales du Québec

ISBN 10 : 2-7619-2175-5
ISBN 13 : 978-2-7619-2175-6

DISTRIBUTEURS EXCLUSIFS :

• Pour le Canada et les États-Unis :
MESSAGERIES ADP*
955, rue Amherst
Montréal, Québec H2L 3K4
Tél. : (450) 640-1237
Télécopieur : (450) 674-6237
* division du Groupe Sogides inc.,
    filiale du Groupe Livre Quebecor Média inc.

• Pour la France et les autres pays :
INTERFORUM
Immeuble Paryseine, 3, Allée de la Seine
94854 Ivry Cedex
Tél. : 01 49 59 11 89/91
Télécopieur : 01 49 59 11 33
Commandes : Tél. : 02 38 32 71 00
                        Télécopieur : 02 38 32 71 28

• Pour la Suisse :
INTERFORUM SUISSE
Case postale 69 - 1701 Fribourg - Suisse
Tél. : (41-26) 460-80-60
Télécopieur : (41-26) 460-80-68
Internet : www.havas.ch
Email : office@havas.ch
DISTRIBUTION : OLF SA
Z.I. 3, Corminbœuf
Case postale 1061
CH-1701 FRIBOURG
Commandes : Tél. : (41-26) 467-53-33
                        Télécopieur : (41-26) 467-54-66
                        Email : commande@ofl.ch

• Pour la Belgique et le Luxembourg :
INTERFORUM BENELUX
Boulevard de l'Europe 117
B-1301 Wavre
Tél. : (010) 42-03-20
Télécopieur : (010) 41-20-24
http ://www.vups.be
Email : info@vups.be

Gouvernement du Québec – Programme de crédit
d'impôt pour l'édition de livres – Gestion SODEC –
www.sodec.gouv.qc.ca

L'Éditeur bénéficie du soutien de la Société de
développement des entreprises culturelles du
Québec pour son programme d'édition.

Le Conseil des Arts du Canada
The Canada Council for the Arts

Nous remercions le Conseil des Arts du Canada de
l'aide accordée à notre programme de publication.

Nous reconnaissons l'aide financière du gouvernement du Canada par l'entremise du Programme
d'aide au développement de l'industrie de l'édition
(PADIÉ) pour nos activités d'édition.

FRANCINE LAMY

La dépression sans reproche

LES ÉDITIONS DE L'HOMME

À Monique.

En hommage à ma mère, grande initiatrice de ma spiritualité, ainsi qu'à mon frère dont j'ai entendu la voix dans la tourmente.

Remerciements

Du fond du cœur, je remercie mes premiers lecteurs.

Ma reconnaissance va à ma mère, qui a lu et relu patiemment les différentes moutures de mon manuscrit et m'a donné des suggestions judicieuses concernant les thèmes à développer, particulièrement dans le chapitre sur l'entourage.

Un grand merci à mon partenaire de vie, Gérald Brisson, pour l'importance qu'il a accordée à la lecture de mon manuscrit, bien qu'il ne soit pas tellement amateur de lecture. Ses idées claires et ses critiques toujours constructives m'ont amenée à présenter mes idées de façon plus cohérente.

Je suis également redevable à ma « sœurette dans l'âme », Julie Brisson, qui m'a lue avec beaucoup de discipline et m'a fait part de ses réactions personnelles, m'aidant ainsi à éviter certains écueils.

Je désire aussi exprimer ma gratitude à mon frère qui, par ses commentaires, m'a chaudement encouragée et m'a inspiré un titre pour cet ouvrage.

Finalement, merci à mon bon camarade d'études, Daniel Lalonde, qui m'a fait profiter de ses observations très pertinentes sur la réalité que vivent les gens atteints de dépression.

Introduction

On vous a peut-être diagnostiqué un *burn-out*, une dépression, une réaction anxio-dépressive, un trouble de l'adaptation, un trouble de l'humeur ou autre chose encore. Les catégories diagnostiques ne manquent pas pour désigner les différentes formes que peut prendre ce qui est communément appelé la « dépression ».

En effet, le jargon médical nomme la dépression de différentes manières, et ce, en fonction de certains critères comme sa durée, le moment où elle survient dans la vie du sujet, la possibilité ou l'impossibilité d'identifier ce qui l'a déclenchée, la récurrence de l'épisode dépressif, la présence simultanée d'un autre trouble ou l'absence d'un autre trouble, etc. Cependant, dans le présent ouvrage, je n'élaborerai pas davantage mes considérations sur les différentes catégories diagnostiques. Car pour celui ou celle qui se retrouve au cœur de cette expérience qu'est la dépression, la situation s'avère pénible, et ce, peu importe le nom que l'on donne à sa maladie.

Pour guider mon choix des informations présentées dans ce livre, je me suis inspirée surtout des préoccupations habituelles que j'ai observées chez les gens qui me consultent en tant que psychologue clinicienne parce qu'ils sont aux prises avec la dépression. Je me suis aussi basée sur l'expérience personnelle que j'ai faite de la dépression, il y a maintenant presque 15 ans.

D'abord et avant tout, j'espère que ce livre apportera la lumière là où est l'ombre, afin d'éclairer les pas de celui et de celle qui font la traversée de la dépression. J'ai choisi d'y traiter de plusieurs aspects concrets de ce qui risque de se présenter pendant cette période difficile de leur existence. J'espère qu'ils y trouveront une forme d'accompagnement utile pendant qu'ils expérimentent la situation et qu'ainsi ils pourront MIEUX VIVRE cette période d'aléas. Quand nous pouvons anticiper ce qui va nous arriver et nous en faire une certaine image, cela FACILITE les choses : un monstre vu et connu est toujours plus aisément vaincu !

J'espère aussi que mon propos inspirera aux personnes atteintes une réflexion nouvelle sur la dépression, à partir de perspectives plus vastes, plus réalistes et moins accablantes que celles qu'elles ont peut-être déjà sur le sujet.

Comme vous l'avez probablement déjà constaté, le manque de concentration figure parmi la panoplie de symptômes que la maladie peut provoquer et peut-être vous est-il pénible d'entreprendre la lecture de ce livre. Puisque vraisemblablement vous ressentez une fatigue extrême et que votre esprit vous semble surchargé, je l'ai conçu de manière que vous puissiez le lire selon deux niveaux de concentration. En allant directement aux passages surlignés en gris, vous capterez l'essentiel de mon propos. Quand votre concentration S'AMÉLIORERA, vous POURREZ lire les autres parties.

***

Le phénomène dépressif est pénible à subir, car il atteint l'humain en *plein cœur*, dans son humeur et dans sa vitalité. Il bouleverse la façon personnelle de se sentir au monde. Sous son emprise, on devient victime d'une distorsion dans la façon de se juger soi-même et de juger son avenir. On ressent des émotions éprouvantes. La souffrance et le découragement atteignent parfois des degrés tels que l'on songe au suicide. Quand on atteint un tel sommet de souffrance, la question de la vie ou de la mort devient cruciale et de toute première importance.

Si vous envisagez le suicide comme une solution à votre souffrance, vous faites partie de ceux et celles à qui je veux m'adresser en premier. Je doute que, au moyen de ce livre, je puisse vous transmettre mon énergie, ma chaleur ou une quelconque motivation affective pour la vie, mais je crois que je peux vous inviter à prendre part à ma réflexion. C'est la raison pour laquelle le premier chapitre sera consacré à étudier les questions suivantes, posées de façon rationnelle et sérieuse : qu'en est-il vraiment de ce que nous appelons « la mort » ? Se pourrait-il que le suicide ne mette fin qu'au corps physique et n'interrompe rien d'autre, ni l'existence d'un individu ni sa souffrance ?

Heureusement, l'état dépressif n'a pas toujours la même intensité et ne conduit pas toujours à envisager la mort. Par conséquent, dès le deuxième chapitre, je dresserai un inventaire assez détaillé des symptômes qui sont souvent associés à l'expérience d'un trouble dépressif. On constatera que la dépression peut prendre plusieurs visages et nous toucher de différentes manières, selon l'ensemble particulier de symptômes qui se manifestera chez chacun.

Souvent, on attend trop longtemps et ce n'est que lorsqu'on a suffisamment de doutes ou que notre entourage nous y pousse que l'on finit par consulter un professionnel de la santé. Et même si l'on se doute depuis un moment que quelque chose ne va plus, quand le diagnostic « officiel » tombe concernant un trouble dépressif, qu'il y a prescription de médicaments ou d'un arrêt de travail, cela suscite habituellement d'intenses réactions. Dans le troisième chapitre, j'exposerai les commentaires que j'entends le plus souvent dans ce contexte. Ce sont des commentaires qui reflètent souvent des sentiments de colère, de révolte, d'incrédulité, d'injustice, de honte, de dévalorisation et de désarroi. Je compte mettre à votre disposition des angles d'analyse destinés à vous prémunir contre ces premières réactions accablantes pour vous.

Peut-être vous reprochez-vous votre état dépressif ou encore vous estimez-vous faible ou mal constitué parce que vous êtes atteint de cette maladie. Dans le quatrième chapitre, je vous présenterai le point de vue scientifique actuel (modèle bio-psycho-social), qui considère la dépression comme un phénomène aux causes multiples dont vous ne pouvez raisonnablement pas vous faire le reproche personnel.

Au cinquième chapitre, je réfléchirai avec vous sur le fait, par exemple, que les bonds technologiques récents ont radicalement changé – et pas toujours positivement – notre style de vie au quotidien sous bien des aspects qui jusque-là étaient fondamentaux (rapports avec la famille, sentiment du temps qui nous file entre les doigts, etc.), et ce, sans que nous en mesurions nécessairement encore tout l'impact affectif et psychique réel. Peut-être le phénomène dépressif est-il là pour nous rappeler certains besoins humains incontournables que nous négligeons dans notre société actuelle?

Que vous ayez vécu ou non une dépression, vous comprendrez combien la situation est triste quand le fardeau du tabou ajoute encore à la perte d'énergie déjà considérable de la personne malade. Dans le sixième chapitre, je chercherai à dénuder les racines du tabou pour qu'elles périssent enfin, car il semble qu'une gêne certaine subsiste encore autour de ce que l'on qualifie de «mental» ou d'«affectif». Dans notre société, *en plus d'être malade, on a honte d'être malade.*

Il faut savoir être de son temps et poser un regard cultivé et objectif sur la dépression. Actuellement, deux traitements surtout se profilent comme obtenant une efficacité digne de mention dans la guérison de la dépression. Malheureusement, ces traitements (soit la médication et la psychothérapie) font l'objet de réactions parfois tout aussi vives que la maladie elle-même. Je consacrerai donc le chapitre sept à m'intéresser aux mythes et aux craintes entourant ces traitements et à réfléchir sur les préoccupations spontanées qui surgissent.

Étant donné que la dépression est une maladie qui se traduit surtout dans le comportement, l'entourage en est témoin et a l'impression que l'individu malade *change.* Pendant tout le processus de guérison, les gens de l'entourage se trouvent concernés par la maladie, ne peuvent y rester indifférents et se sentent souvent très démunis. Le huitième chapitre aidera à comprendre leur vécu, leurs réactions et les erreurs les plus courantes qu'ils commettent en voulant amener la personne dépressive à réagir. Je leur ferai des suggestions afin de les inciter à adopter une attitude plus efficace envers la personne qui vit une dépression.

Cependant, le mot d'ordre général est: patience, patience, patience! Le rétablissement peut être long et il se fait toujours par paliers, avec des avancées et des reculs. Les visites à des professionnels de la santé peuvent se multiplier. Plusieurs difficultés risquent de surgir pendant le rétablissement. Dans le chapitre 9, je m'attacherai à décrire les aspects concrets de certaines contrariétés qui se présenteront peut-être sur votre chemin. J'ai vu bien des personnes se ronger d'angoisse en interprétant mal certains aspects de leur rétablissement et se trouver soulagées dès qu'elles avaient obtenu une information adéquate (sur le rythme du rétablissement, les visites aux professionnels de la santé, etc.).

En ces moments difficiles, le soutien apporté par un psychologue est d'une grande utilité. Cependant, si l'on veut être réaliste, il faut bien admettre que la psychothérapie est le traitement le moins facilement accessible à tout le monde: les coûts dans le privé sont importants et les listes d'attente sont souvent longues pour l'accès à des services gratuits. Le chapitre 10 vise donc à attirer votre attention sur certains points qui pourraient vous permettre d'améliorer quelque peu votre sort, en attendant de pouvoir bénéficier des services d'un psychologue qui vous offrira une aide adaptée à vos besoins personnels. J'y inclus une bibliographie commentée qui vous présente divers ouvrages pouvant mener à un travail thérapeutique que l'on accomplit par soi-même, à la maison.

Bref, ne laissez pas les préjugés, les fausses croyances et l'inconnu vous rendre cette période plus ardue. Félicitez-vous déjà de vous documenter sur le sujet et armez-vous d'une vision évoluée, bien de votre temps. J'espère qu'après votre lecture vous aurez acquis une compréhension du phénomène dépressif qui vous rendra la traversée moins accablante et vous aura convaincu de faire preuve de patience. La dépression peut être soignée et, pour ce faire, j'espère que vous vous dirigerez vers une source d'aide professionnelle telle qu'un médecin et un psychologue. Car souvent, et surtout lorsqu'elle a mené à une démarche de psychothérapie, la dépression est évoquée après coup comme une expérience initiatique, douloureuse au moment de la bataille, mais aboutissant souvent à une meilleure appréciation de la vie, à des choix plus judicieux et au sentiment d'être *enfin arrivé à l'essentiel en soi.*

Si l'on se fie aux statistiques, vous aurez fort probablement l'occasion un jour d'aider quelqu'un à traverser le mieux possible une semblable aventure.

Mais en attendant, puisqu'on sait que la souffrance atteint parfois des sommets inquiétants et nous fait remettre en question notre valeur personnelle, voire la valeur de notre vie elle-même, je vous invite à réfléchir avec moi et le plus froidement possible au fait que le suicide n'équivaut *peut-être pas à la fin* de votre mal à l'âme.

1

À l'usage
des futurs survivants

Un jour, j'ai quitté mon travail et je me suis rendue chez moi en croyant que j'allais m'y tuer dans l'après-midi. Depuis des mois, ma souffrance me donnait l'impression que je n'étais pas capable de traverser la vie. Je me sentais seule, pas bâtie comme les autres et incapable de trouver mon bonheur. J'avais l'impression d'être gâchée. J'étais extrêmement mal dans ma peau et je croyais n'avoir aucune solution ; je ne comprenais pas d'où venait le mal. Ce que je voulais, c'était la fin de ma souffrance et de ma lutte, la fin de tout et le repos. *Je ne voulais pas choisir la mort.* Si un bon génie m'avait offert le choix entre la mort et le bonheur, j'aurais choisi le bonheur, bien sûr, et non pas la mort. Évidemment, aucun génie ne m'est apparu, mais, comme vous pouvez le constater, j'ai choisi de ne pas mourir. Non seulement j'ai choisi de ne pas mourir, mais en plus *j'ai choisi de vivre,* ce qui est très différent. J'en suis fort heureuse aujourd'hui et je considère que j'aurais fait une grave erreur en agissant autrement. C'est pourquoi, si vous êtes concerné de manière semblable, je veux m'adresser tout de suite à vous sur cette question.

Je pense que quand on veut se suicider, c'est qu'on a l'impression qu'il ne nous reste que deux options : une vie de souffrances ou une mort reposante. Mais en fait, on est assurément trompé par la maladie, car il existe au moins deux autres options bien plus réalistes : apprendre à se créer une vie plus satisfaisante ou se donner une mort qui *n'apporterait pas le repos souhaité.* Pour le moment, c'est surtout cette quatrième option que je veux explorer dans le présent chapitre. Je crois que la situation demande une bonne réflexion, car ce qui vous tient le plus à cœur en ce moment est sans doute *la fin de votre souffrance* et certainement pas le désir de la *vivre dans un ailleurs*.

La société actuelle a rejeté bien des dogmes religieux, considérant avec le recul que plusieurs s'apparentaient à la superstition et relevaient de l'ignorance. Cependant, c'est un peu comme si on avait jeté le bébé avec l'eau du bain. Effectivement, pour bien des gens aujourd'hui, il ne reste plus de foi en quoi que ce soit. Puisque nous sommes dans un monde qui se veut plus instruit et surtout plus rationnel, acceptons de regarder les interrogations que les plus récentes avancées de la science ont suscitées.

Les progrès technologiques nous ont permis, au cours des dernières décennies, de réanimer de plus en plus de gens déclarés cliniquement morts. Leurs témoignages s'accumulant, il est devenu un peu plus difficile d'affirmer catégoriquement que « personne n'est jamais revenu de la mort pour nous dire ce qu'il en est ». Et ce que les gens ayant vécu cette expérience nous disent, c'est qu'*ils ont continué à vivre* après leur mort.

Par rapport au suicide, une unanimité transparaît dans les témoignages des « ressuscités » : le suicide ne résout rien[1] et ce qui n'allait pas de notre « vivant » *ne s'arrête pas nécessairement* avec la mort du corps. Autrement dit, la mort du corps physique ne serait pas la fin du « je ».

Par conséquent, penser que l'on peut mettre fin à ses souffrances psychiques en se donnant la mort, c'est probablement s'accrocher à une idée *tout aussi fausse et romantique que l'ancienne croyance selon laquelle la Terre était plate*.

Si vous songez au suicide, *retenez votre impulsion*.

Appelez un proche ou un intervenant en prévention du suicide, ce sera beaucoup mieux que de rester seul.

---

1. La référence complète des ouvrages cités se trouve dans la bibliographie à la fin du présent livre. Patrice Van Eersel, *La source noire : révélations aux portes de la mort*, p. 263.

LES LIMITES DU SAVOIR SCIENTIFIQUE

Depuis la nuit des temps, la science découvre combien la vie se révèle toujours plus grande, complexe et mystérieuse que ce que nous en connaissons.

Pensons-y. Nous habitons un univers qui existe probablement depuis environ *13 ou 14 milliards d'années*. L'*homo erectus,* une sorte de singe qui en est arrivé à conserver définitivement la station debout, remonte à environ *1,5 million d'années* et l'*homo sapiens sapiens,* ou « homme moderne », est présent depuis environ *30 000 ans* seulement. Ce *homo sapiens sapiens* (nous, en fait) apparaît donc *très, très jeune* dans un univers *très, très vieux*. Et même si nous avons parfois l'impression d'être fort savants, nous ne connaissons l'existence de la bactérie que depuis environ 350 ans (soit depuis 1670). Nous ne pouvons pourtant pas nier l'importance de la bactérie, qui a toujours rempli des fonctions majeures au sein de notre organisme. Plus récemment, nous avons découvert l'énergie nucléaire et l'ADN. Pouvons-nous seulement imaginer tout ce que nous ne connaissons pas encore ? Par exemple, nous spéculons beaucoup pour savoir quand et de quoi l'univers est né. On soupèse encore plusieurs théories pour savoir de quoi et comment s'est formée la Lune, notre petite voisine la plus proche dans cet univers si vaste ! Les scientifiques s'interrogent sérieusement sur ce qu'il y *a* dans ce que nous appelons le vide... qui ne semble pas être *aussi vide* que nous le pensons et recèle des « énergies » que nous comprenons encore très peu, voire des dimensions qui échappent à notre perception[2] ! Il faut toujours se rappeler que, dans les tâtonnements de la recherche, certaines découvertes confirment ce que l'on croyait déjà, alors que d'autres, au contraire, nous obligent à revoir nos conceptions du monde. Il faut comprendre aussi que la science n'étudie que ce qui est *observable* par ses outils de perception du moment et que nous n'avons

---

2. À ceux qui aimeraient prendre connaissance des questionnements actuels en science, je recommande un petit bijou de livre bien vulgarisé écrit par Trinh Xuan Thuan : Le *chaos et l'harmonie : la fabrication du réel.*

qu'une vision partielle du monde. Il a toujours été primordial de considérer la science comme un savoir changeant et en croissance, même si on nous laisse parfois croire qu'il s'agit plutôt d'un savoir arrivé et final, qui dicte ce qui existe et ce qui n'existe pas.

Puisque nous en savons aussi peu sur ce phénomène observable qu'est le vivant, il est logique de croire que nous en savons encore bien moins sur ce phénomène non observable qu'est la mort.

Il m'apparaît donc plus que raisonnable de penser que nos connaissances actuelles et notre perception n'embrassent pas la totalité de ce qu'est réellement notre vie à chacun. Ainsi, la signification que nous donnons parfois à la mort, que nous considérons comme l'*arrêt* de ce que nous sommes, n'est peut-être ni la plus réaliste ni la plus appropriée.

DISCUSSION SUR LA MORT

Il y a tout un débat scientifique autour des témoignages des gens qui ont été réanimés : étaient-ils vraiment morts ? Puisqu'on a réussi à les réanimer, peut-être n'avaient-ils pas atteint ce point qu'on pourrait appeler la mort «irréversible». En ce sens, leurs témoignages peuvent-ils être considérés comme des comptes rendus fidèles de ce qu'est réellement la mort ? Se peut-il qu'une certaine vie ait subsisté dans leur cerveau sans que nos instruments ne puissent la mesurer ? Ces gens auraient-ils tout simplement été victimes d'une sorte d'hallucination provoquée par un cerveau agonisant et en proie au désordre chimique[3] ?

Personnellement, je choisis de croire à une réelle survie après la mort[4], car il semble que certains témoignages, plus rares, rapportent des expériences au cours desquelles les personnes décédées ont pu décrire ce qui s'était déroulé dans une autre pièce que

---

3. Ce débat est beaucoup plus complexe que les grandes lignes que j'en trace ici. Les ouvrages du Dr Raymond Moody, dont vous trouverez les références dans la bibliographie qui figure à la fin du présent livre, semblent faire le tour de la question.
4. L'«expérience de la mort» suscite beaucoup de réactions différentes dans la communauté scientifique et ne fait pas l'unanimité. Les conclusions vers lesquelles je tends ne reflètent que mon opinion personnelle et ne représentent pas nécessairement la position que prendrait ma corporation professionnelle.

celle où leur corps reposait[5]. Comme il n'y a pas d'organe du corps humain qui permette de voir ou d'entendre à travers les murs, il m'apparaît légitime d'imaginer qu'un « soi » survit hors du corps biologique. Ainsi, la mort du corps physique n'est-elle vraisemblablement pas la mort de tout chez l'être humain. Pendant que les instruments perdent notre trace et mesurent notre mort, quelque chose semble se poursuivre.

LE SUICIDE

En lisant sur les témoignages de gens réanimés, j'ai découvert que le thème du suicide avait finalement été abordé par certains témoins. Dans son livre *Lumières nouvelles sur la vie après la vie*, le Dr Moody y consacre même un chapitre entier. Les témoignages variés que rapportent différents auteurs présentent une grande unanimité : tous les gens qui en ont fait l'expérience ont profondément perçu le suicide comme une solution inenvisageable à travers laquelle *on ne trouve pas le repos escompté*.

Tous continuent la vie qui leur a été redonnée... Parmi ceux qui sont décédés par suite d'un accident ou d'une maladie et qui ont éprouvé un au-delà euphorisant et plein d'amour, y compris ceux qui ont fait une dépression après être revenus à la vie parce qu'ils étaient trop tristes d'avoir dû quitter cet au-delà si agréable et si réconfortant, *personne ne s'enlève la vie pour y retourner !*

Et, semble-t-il, ceux qui sont morts par suicide n'ont pas nécessairement connu une mort aussi réconfortante que les autres, certains parlant même d'une peine sévère[6]... Voici un extrait du livre de Moody[7] : « Ces expériences comportaient un caractère commun, celui d'être désagréable. Comme me l'a dit une femme : "Si vous quittez ce monde avec une âme tourmentée, vous serez une âme tourmentée dans l'autre monde." » En résumé, les témoins rapportent que les

---

5. Dr Raymond Moody, *Lumières nouvelles sur la vie après la vie*, p. 125.
6. *Ibid.* p. 67.
7. Dr Raymond Moody, *La vie après la vie*, p. 189.

situations conflictuelles auxquelles ils avaient tenté d'échapper par le suicide trouvaient un prolongement après la mort, mais avec des complications en plus. »

LA SPIRITUALITÉ :
UNE INVENTION DU CERVEAU ?

De nos jours, quantité de gens ont une vue matérialiste de la vie et de ce qu'est l'être humain. Nombreux sont ceux qui croient que *tout* meurt avec le corps matériel et que les expériences ou sentiments spirituels ne sont qu'une invention du cerveau humain. Certains pensent même que les croyances religieuses ne sont qu'une « doudou » pour rassurer l'esprit humain face à l'éventualité effrayante de la mort de leur conscience de soi.

Comme pour leur donner raison, on a découvert dernièrement qu'en stimulant volontairement certaines parties du cerveau on peut favoriser l'apparition d'extases, de sentiments religieux et d'expériences mystiques et spirituelles. Hâtivement, on pourrait conclure que cette vie immatérielle perçue n'a aucune réalité, qu'elle est produite par le cerveau et qu'elle meurt avec lui, dans la mort totale, complète et irréversible du corps.

Cependant, voyons la chose sous un autre angle. Nous savons qu'un œil en santé perçoit des couleurs quand il est placé dans certaines conditions : il doit y avoir de la lumière et des pigments de couleur. Nous disons de l'œil qu'il *voit* les couleurs et non qu'il les *invente*. Nous savons également que les fonctions grossissantes d'un microscope nous permettent de voir la bactérie et nous ne disons pas du microscope qu'il *invente* la bactérie.

Nos organes et nos outils *perçoivent et traduisent pour nous la Création, ils ne l'inventent pas.*

Alors, vous semble-t-il permis d'envisager que notre cerveau soit un organe qui, dans certaines conditions (par exemple, lorsqu'il est stimulé), permet de percevoir une vie spirituelle bien réelle ? Ainsi, le sentiment d'avoir un « je » est peut-être la traduction imparfaite et incomplète, faite par notre cerveau, de ce que nous sommes réellement sur un plan immatériel ?

GARDEZ ESPOIR

Peut-être que vous êtes momentanément trop fatigué ou trop en colère pour envisager tout de suite que vous CONTINUEREZ À VIVRE. En ce cas, il faut surtout trouver de l'aide et vous reposer. Votre état actuel vous joue des tours, fausse votre vision des choses et votre expérience de la vie. Bien sûr, cela ne change rien au fait que ce que vous voulez vraiment, c'est AMÉLIORER VOTRE SITUATION et surtout ne pas prendre le risque *d'amener* votre souffrance *ailleurs*.

Même si votre souffrance psychique vous paraît peut-être sans fin et sans fond dans le moment, nous savons que *tous* les événements d'une vie passent, ne durent jamais éternellement et se transforment, tôt ou tard. La vie est un gros bouillon de mouvements et de changements. N'y a-t-il pas eu de meilleurs moments dans votre vie? En fait, votre vie n'est-elle pas une succession de moments bien différents les uns des autres? Nous savons que, si vous patientez suffisamment longtemps, votre vie, comme tout le reste, continuera à évoluer. Il est *impossible* que le visage de votre souffrance actuelle soit à tout jamais immuable et ne bouge plus d'un iota, même si ça fait déjà un moment que la maladie s'est installée. *Vous pouvez vous conforter dans l'espoir* que LA PÉRIODE DÉPRESSIVE FINIRA par passer, si vous lui donnez le temps et les moyens de guérir. Elle pourrait même se transformer en quelque chose qui a été difficile pour vous mais profitable après coup.

Finalement, je dirai que je crois qu'il faut rester très humble devant nos connaissances si jeunes et fragmentaires; il faut également prendre garde de valoriser seulement le rationnel et le scientifique, qui ne peuvent apporter *toutes* les réponses. Je crois aussi qu'il ne faut pas se laisser duper par le sentiment d'insignifiance que l'on éprouve parfois à l'égard de notre vie personnelle. Pour ma part, j'envisage avec sérieux l'hypothèse que mon «moi» survivra hors de mon corps et que ma vie personnelle a des effets, *une importance et une continuité dont je n'embrasse pas la grandeur aujourd'hui,* tout comme à l'âge de deux ans je ne pouvais sincèrement pas me projeter dans un avenir réaliste et m'imaginer vraiment avoir quarante ans un jour.

N'oubliez pas, nous habitons un univers très ancien, magnifique, immense et encore très mystérieux pour nous.

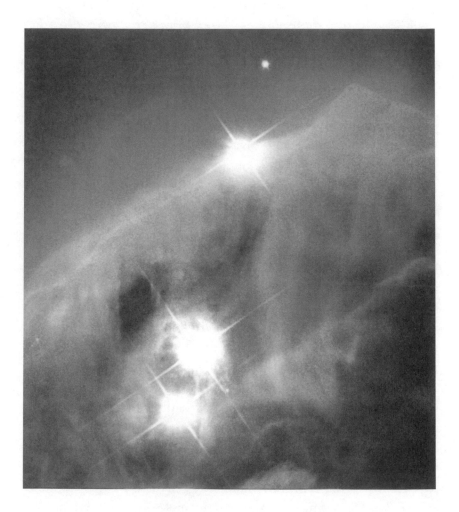

2

Les symptômes

Par ma propre expérience et à travers ce que j'observe chez les gens qui font appel à mes services, j'ai compris qu'il devient important, à un moment ou à un autre de l'épisode dépressif, de savoir si ce qu'on éprouve est «normal». Je vous présente donc une liste des symptômes fréquemment associés aux troubles dépressifs[8]. Cette liste n'a pas pour but de vous rendre capable d'effectuer un autodiagnostic, mais simplement de vous laisser savoir si tel ou tel symptôme a déjà été associé à la présence d'un trouble dépressif.

Le diagnostic doit être posé par des professionnels de la santé formés pour évaluer les symptômes selon leur association particulière. Vous devez toujours faire appel à eux pour investiguer et évaluer vos symptômes. Par exemple, si vous souffrez de diarrhée, ne concluez pas vous-même que cela fait partie de la dépression. Parlez-en à un médecin qui pourra évaluer si vos intestins sont malades. Et si vous ressentez une fatigue intense, ne concluez pas que vous faites une dépression : consultez un médecin qui vérifiera le fonctionnement de votre glande thyroïde.

Vous devez savoir que les symptômes décrits ci-après ne sont pas nécessairement *tous* présents dans le trouble dépressif. Alors, n'ayez pas peur de devoir passer à travers toute la liste et n'attendez pas non plus d'avoir la collection complète de symptômes pour décider que ça «vaut la peine» d'aller consulter !

---

8. La plupart des descriptions de symptômes présentées ici sont tirées de l'ouvrage de P. Lalonde, J. Aubut, F. Grunberg et collaborateurs intitulé *Psychiatrie clinique : approche bio-psycho-sociale*. Quant aux descriptions de certains sentiments comme la peur, je les ai tirées de mes observations cliniques.,

Il arrive trop fréquemment que ce soit l'entourage qui demande à la personne dépressive de consulter. D'une part, parce que les symptômes s'installent tellement graduellement que la personne malade a presque le temps de s'y habituer et, d'autre part, parce que, trop souvent, craignant de s'apitoyer sur son sort, elle tente de s'en sortir toute seule. En fait, dès que vous réalisez que votre fonctionnement habituel est devenu quotidiennement plus difficile, plus lourd et pénible, considérez cela comme anormal ; consultez un professionnel de la santé.

Les rubriques suivantes décrivent les symptômes qui accompagnent généralement la survenue d'un trouble dépressif.

L'HUMEUR PERTURBÉE

Être atteint dans son humeur, c'est être frappé de plein fouet. C'est très pénible. Car c'est toute la façon de s'habiter soi-même, la façon habituelle de se sentir dans son rapport au monde et à la vie, c'est tout le registre des réactions émotives et de l'énergie de base qui est perturbé, et ce, pour le pire. Souvent, quand le diagnostic médical est posé, il y a belle lurette (plusieurs semaines et parfois plus) qu'on ressent une tension intérieure continuelle. Cette tension peut prendre différentes tonalités émotionnelles : elle se traduit le plus souvent par de la tristesse, mais parfois par de l'insatisfaction, de l'irritabilité ou de l'ennui.

Il arrive qu'on ait le goût de pleurer, qu'on ressente une boule dans la gorge, sans toujours savoir exactement pourquoi. Cela peut arriver plus ou moins souvent et durer plus ou moins longtemps. Certaines personnes décrivent la blessure dépressive comme la plus grande douleur morale de leur vie. Un homme m'a dit un jour : « Il y a quelqu'un de trop dans ma vie et c'est moi. » Il exprimait ainsi combien il lui était devenu pénible de ressentir sa propre existence. Une chose est certaine : ça fait mal en dedans.

L'humeur peut aussi se présenter comme plutôt plate. C'est-à-dire comme si vous aviez perdu votre aptitude au plaisir. Vous regardez les gens autour de vous et vous vous demandez pourquoi ils ont trouvé cette blague si drôle, comment ils font pour se satisfaire de leurs activités, pourquoi ils sont motivés par leur vie. Car vous, vous avez l'impression de ne plus savoir ce que c'est que RIRE DE BON CŒUR ni pourquoi vous vivez. Vous regardez les joueurs sur la patinoire de la vie mais ne savez plus comment en faire partie. Vous avez l'impression que vous pourriez aller seul sur une île déserte et que personne ne vous manquerait vraiment. Vous avez le sentiment de ne pas pouvoir rendre à votre entourage l'affection qu'il vous porte et vous vous sentez peut-être moche pour cela. Vous avez l'impression d'errer, sans participer vraiment à la vie, sans vous sentir attiré ou stimulé vraiment par quoi que ce soit. Votre intérêt pour vos activités habituelles, votre entrain pour vos hobbys n'existent plus. Ce qui vous procurait plaisir et détente avant ne vous le procure plus. Vous n'avez plus ni la motivation ni le goût de bouger, de sortir, d'entreprendre des activités ou de voir du monde et d'interagir. Vous ne vivez pas, vous existez. Sans plus. Vous ne vous reconnaissez plus.

Votre humeur vous en fait peut-être voir de toutes les couleurs en vous menant sur des chemins faits d'anxiété, d'angoisse : « Je ne suis pas sitôt éveillé le matin que je me sens comme si une catastrophe allait s'abattre sur moi. » « Je me sens mal, comme si j'allais rater ma vie. » Vous vous sentez en état d'alerte, sans savoir d'où vient la menace, et vous êtes à l'affût, ruminant tout ce qui pourrait aller de travers. Vous tentez d'anticiper les événements afin de vous protéger d'une éventuelle catastrophe. Cette tension continuelle et cette crainte de tous les dangers finissent par vous épuiser, vous décourager et vous donner envie de pleurer... ou vous rendent impatient, tendu, exaspéré. Quand on est à bout à ce point, on a l'impression de tolérer difficilement les enfants, les contraintes au bureau, les critiques, les « ordres » de la part du partenaire, etc. Des symptômes plus physiques peuvent illustrer votre stress émotionnel : palpitations, sensations de pression thoracique, vertiges, sécheresse de la bouche, diarrhée ou constipation, envies d'uriner plus fréquentes, diminution de la libido. Souvent, j'ai entendu des gens me dire qu'ils trouvaient leurs réactions émotives démesurées et craignaient d'en perdre la maîtrise. D'autres disent qu'ils se sentent dépassés par les événements et n'arrivent plus à répondre aux exigences de leur vie.

Être en dépression, c'est parfois avoir le sentiment de transporter la mort en soi, une grave blessure ou une profonde tristesse. C'est se sentir défiguré en dedans.

Vous ressentez peut-être un mélange de tous ces états affectifs ou uniquement l'une des dominantes. D'une façon ou d'une autre, l'état dépressif n'est pas agréable à vivre et, on peut s'en douter, il sape une quantité considérable *d'énergie psychique*.

PAS JUSTE UNE QUESTION D'HUMEUR...

Comme si l'altération de l'humeur ne suffisait pas, voici d'autres symptômes qui peuvent se présenter et qui affectent plutôt les fonctions mentales et physiques.

Vous avez peut-être perdu le plaisir de la table : il vous semble que les aliments n'ont plus de goût et vous ne mangez presque plus rien. Vous n'avez pas d'appétit, les aliments vous roulent dans la bouche, vous avez de la difficulté à les avaler et parfois l'impression de mastiquer du papier. Il peut arriver que le fait de manger vous fasse pleurer sans que vous sachiez pourquoi. Les odeurs de la cuisine vous donnent peut-être la nausée. Conséquemment, vous maigrissez.

Évidemment, il faut manger si vous ne voulez pas vous affaiblir constamment. Votre manque d'appétit vous empêche probablement d'être inspiré en la matière et vous n'avez plus d'idées de menu. Vous avez « oublié » les choses que vous aimez. Demandez à votre entourage de vous rappeler les aliments et les recettes que vous avez toujours appréciés. Cependant, il se peut aussi que les aliments que vous aimez habituellement ne vous inspirent que de l'indifférence aujourd'hui. Dans ce cas, la majorité des gens arrivent quand même à avaler quelque chose en prenant des aliments juteux et frais, crus et non gras : fruits, yogourts, crudités, jus vitaminés, suppléments ou substituts de repas liquides, barres granola, céréales dans du lait, etc.

Peut-être au contraire tentez-vous de calmer votre détresse par la nourriture. Dans ce cas, vous prenez du poids.

Votre énergie physique n'est plus la même : par exemple, vous lever le matin pour entreprendre votre journée habituelle vous semble de plus en plus au-dessus de vos forces et vous vous sentez anormalement fatigué. L'anticipation anxieuse de ne pas pouvoir traverser la journée devient un stress quotidien. Ou peut-être brûlez-vous vite votre énergie et mettez-vous longtemps à la récupérer (vous éprouvez le besoin de dormir après avoir tondu le gazon ou passé l'aspirateur ou encore vous vous sentez fatigué pendant trois jours après avoir fait une sortie familiale au zoo).

Votre rythme personnel peut se trouver perturbé. Parfois, votre entourage vous trouvera plus lent : vous parlez moins, moins vite, moins fort. Vous effectuez vos gestes avec économie, vous marchez plus lentement, vous avez moins d'expression faciale. Vous vous sentez plus lourd et plus faible. Pour certains individus, l'allure sera au contraire plus agitée qu'à l'accoutumée, comme s'ils étaient montés sur ressort et ne cessaient de bouger, mais sans rien accomplir vraiment. On sent tout simplement qu'ils sont mal dans leur peau.

Il se peut que votre sommeil soit affecté. Plusieurs se sentent très fatigués et pourraient dormir toute la journée, alors que d'autres, pourtant très fatigués aussi, dorment trop peu et mal. Ils se réveillent trop tôt le matin et sans que la nuit ait été réparatrice.

Votre concentration peut être défaillante. Nous commettons tous des erreurs d'attention ou des oublis (par exemple, manquer le virage au coin d'une rue, oublier un rendez-vous, ne plus savoir où on a mis ses clés, ne pas se rappeler un mot, ne plus savoir ce qu'on est venu chercher au magasin). Mais sous l'effet de la dépression, il semble que ces petites erreurs se multiplient. Vous pouvez avoir plus de mal à trouver vos mots. Et quand vous devez vous concentrer sur une tâche particulière et demandant un effort soutenu (lire, par exemple), c'est peut-être comme si votre esprit se barrait, n'absorbant plus la moindre donnée supplémentaire. Vous pouvez avoir de la difficulté à écouter un film. Conduire une voiture peut devenir pénible à cause du grand nombre d'informations à traiter et peut donner la sensation d'être plongé dans un tourbillon étourdissant.

Votre capacité d'abstraction peut faire des siennes, elle aussi. Cela veut dire que vous pourriez avoir du mal à suivre un langage qui n'est pas concret. Pour bien des gens, c'est tout un effort que d'essayer de s'intéresser à une élaboration théorique. Ce n'est pas en ce moment que vous participeriez à un débat philosophico-théologico-spirituel sur la preuve de l'existence de Dieu ! Vous avez peut-être le sentiment d'être fatigué mentalement et vous vous sentez moins efficace.

Souvent, les personnes rapportent une hypersensibilité : le bruit du photocopieur au bureau ou les bruits de la rue leur semblent soudainement intolérables. Ils n'écoutent plus la radio dans leur voiture et rêvent de se retrouver dans un chalet, dans le silence ou les bruits de la nature… Ils n'écoutent plus les bulletins télévisés, car cela les déprime et les agresse. Ils sont plus sensibles et réagissent davantage aux intonations de la voix de ceux qui leur parlent. Les mouvements autour d'eux ou les bruits de fond (au centre commercial, par exemple) les vident de leur énergie.

DES SENTIMENTS DONT ON SE PASSERAIT BIEN

Comme on peut le voir, le phénomène dépressif est incapacitant. Conséquemment, certains sentiments sont générés par la situation…

La dévalorisation

Toute personne, ou presque, qui est atteinte de dépression a la fâcheuse conviction (et c'est une erreur) qu'elle *ne devrait pas* en être atteinte. La plupart des gens trouvent leur réaction dépressive incompréhensible ou injustifiée à leurs propres yeux. Conséquemment, ils se perçoivent comme *inadéquats* en tant qu'individus.

Étant donné qu'ils se comparent aux autres ou à ce qu'ils étaient eux-mêmes avant que survienne la maladie, ils concluent qu'ils font preuve de *faiblesse* et peuvent se sentir honteux. On dirait que, parce qu'il s'agit surtout d'une *façon de se sentir,* on a l'impression que l'on devrait toujours pouvoir y faire quelque chose, en se « raisonnant » ou en se bottant le derrière... Lorsqu'on n'y arrive pas, on craint de faire du caprice ou de l'apitoiement sur soi-même. *L'estime personnelle est au plus mal.*

La peur

Quand la dépression se déclare, on ne connaît pas l'allure qu'elle prendra pour soi ni les limites qu'elle atteindra. « Ai-je totalement perdu la maîtrise de moi-même ? Est-ce que ça va empirer ? Combien de temps cela va-t-il durer ? » La situation soulève bien des inconnues ! Dans ce contexte, la sensation de peur n'est pas du tout surprenante. La dépression fait peur, tant à soi-même qu'à l'entourage, parce qu'on ne peut ni la localiser, ni la toucher (ce n'est pas comme une jambe cassée), ni présumer de sa durée ou prédire sa gravité (ce n'est pas aussi simple que de savoir exactement combien de temps il faudra garder un plâtre, ou encore ce n'est pas aussi clair que quand on compare une fracture ouverte à une simple fêlure de l'os). On ne sait trop comment agir.

La honte

Devant autrui, on est beaucoup plus embarrassé d'admettre que l'on souffre d'une dépression que d'un empoisonnement alimentaire ! J'imagine que cela est dû en partie au tabou. Nous explorerons ce sujet dans un chapitre ultérieur.

La culpabilité

Quand on traverse une dépression, on peut avoir tendance à se sentir fautif d'être moins productif et on peut tenter de se « dépêcher » à guérir (comme si c'était possible !). On se dit que, tant qu'on n'est pas mort et qu'on arrive à sortir du lit le matin, on devrait pouvoir se rendre au travail.

Si on est déjà en arrêt de travail, la culpabilité pointe son nez dès qu'on n'a pas pleuré depuis quelques jours, qu'on est sorti de la maison, qu'on a eu quelques rires sincères ou qu'on a passé du bon temps avec un ami, qu'on a fait un brin de jardinage ou un peu bricolé dans le garage. Comme si la dépression devenait une pure invention ou un caprice de notre part dès qu'on prend une bouffée d'air ou qu'on commence à remonter la côte. Pourtant, quand on a une jambe cassée et plâtrée, on ne se sent pas obligé d'être tordu par une souffrance de tous les instants pour accepter de diminuer notre performance habituelle et trouver légitime l'arrêt de nos activités. Une des difficultés avec la dépression, c'est qu'on ne peut pas l'exposer en preuve, comparativement à un plâtre qui sera signé par tous.

La vulnérabilité

La méconnaissance de la maladie donne l'impression à la personne atteinte qu'elle est aux prises avec un envahisseur dont elle ne sait comment se défendre ou se protéger. Elle peut se sentir sans défense, sans forces ni protection, sans bouclier devant soi.

Certains sentiments l'assaillent contre son gré, peut-être avec intensité, et elle n'est plus en mesure de se fabriquer son *image sociale habituelle*, se trouvant *mise à nu*, pas précisément à son meilleur, et dévoilée à tous (par exemple, quand elle se met à pleurer devant autrui malgré elle). Elle a le sentiment d'être atteinte dans ce qu'elle a de plus *intime*, *par l'intérieur*, ce qui peut faire naître en elle un sentiment d'extrême vulnérabilité.

L'anxiété

Du fait que vous ne pouvez pas *montrer* votre blessure au médecin, du fait que les congés de travail ne sont signés que pour quelques semaines à la fois, vous ne savez pas pour combien de temps vous serez arrêté. Vous craignez peut-être que votre médecin vous fasse retourner au travail alors que vous n'êtes pas prêt. J'ai connu une dame qui, même après que son médecin lui eut signé un arrêt de travail, a continué à faire sonner son réveille-matin très tôt le matin, par souci de conserver ses habitudes de travail, craignant de se «ramollir» et de ne plus être capable de reprendre du service quand le médecin l'ordonnerait! Elle a mis plusieurs semaines avant de se détendre suffisamment pour pouvoir accepter de se reposer.

De plus, il ne faut pas se le cacher, si vous êtes en arrêt de travail, la perte de revenus, qui varie selon votre police d'assurance, peut représenter une source de stress qui s'ajoute à celui inhérent à la maladie.

Le sentiment de perdre la maîtrise

La dépression entraîne un sentiment de perte de maîtrise qui est sans doute présent dans bien d'autres circonstances de la vie, mais qui est aggravé par le fait que, dans ce cas-ci, ce que vous ne maîtrisez plus, c'est vous-même, c'est-à-dire votre façon habituelle de voir la vie (pessimisme *versus* optimisme) et de vous sentir (malaise *versus* aisance, énergie *versus* apathie).

Il se peut que vous ayez des réactions émotionnelles nouvelles et trop fortes qui vous font peur et qui ajoutent à votre sentiment de ne plus vous maîtriser. De plus, comme les actions à poser pour la guérison de la dépression n'entraînent pas de soulagement immédiat, il faut plus de temps avant de percevoir le résultat de ce que vous entreprenez et de constater *la maîtrise réelle* que vous pouvez prendre sur la situation.

Le découragement

Il y a peut-être longtemps que vous ne jouissez plus de la vie et vous vous sentez découragé. Il m'est arrivé de nourrir le fantasme d'avoir une grave maladie afin de pouvoir être alitée à l'hôpital, branchée à des solutés, et de ne plus avoir à fournir moi-même le moindre effort pour vivre. Peut-être que certaines difficultés concrètes dans votre vie vous semblent insolubles, insurmontables, et que votre vie future vous apparaît comme une suite ininterrompue de souffrances. N'oubliez surtout pas que la dépression modifie votre façon de percevoir et de réagir, et induit, par elle-même, une vision négative des choses. Vous surévaluez vraisemblablement vos échecs et n'êtes pas en état, seul, de trouver une solution saine à vos problèmes. Parlez-en à quelqu'un et trouvez de l'aide pour résoudre ce qui doit l'être.

RÉAPPROPRIEZ-VOUS VOTRE POUVOIR

Une partie de la guérison se trouve dans l'acceptation de votre vulnérabilité. Cette vulnérabilité vous indique simplement que vous ne pouvez pas *bien vivre n'importe quoi* et que vous devez trouver comment prendre soin de vous-même. Il ne faut pas confondre vulnérabilité et impuissance. Même si votre santé se révèle vulnérable dans de mauvaises conditions, cela veut simplement dire qu'il faut exercer votre POUVOIR D'AMÉLIORER et D'ASSAINIR VOTRE SITUATION.

Trouvez le moyen de prendre des petites bouffées d'air (amis, détente, repos) et assurez-vous d'un soutien dans le processus de réflexion que VOUS ENTREPRENEZ sur des sujets importants pour vous.

Rappelez-vous :
Deux têtes valent mieux qu'une.
Cherchez de l'aide.
C'est votre premier pouvoir.

3

Les premières réactions au diagnostic

Quand on revient de chez le médecin avec un diagnostic de trouble dépressif et même éventuellement une ordonnance d'arrêt de travail provisoire, on reste rarement indifférent. En fait, il y a tout un éventail de réactions possibles. Certaines personnes sont soulagées de ne pas avoir à démissionner (ce qu'elles étaient parfois prêtes à faire, vu leur grande fatigue), tandis que d'autres sont soulagées de se voir confirmer par un médecin que quelque chose ne va pas, *pour vrai*, et qu'elles ne sont pas folles.

Cependant, même si le diagnostic ou l'arrêt de travail procurent parfois un certain soulagement, la plupart des premières réactions expriment des sentiments d'injustice, d'incrédulité, de blâme de soi, de révolte et de crainte:

- Pourquoi moi?
- J'ai tout pour être heureux!
- J'en connais qui vivent quelque chose de pire que moi et qui ne «tombent» pas!
- Je ne comprends pas: j'ai toujours été une personne forte!
- Le médecin m'a vu pire que je suis vraiment.
- Je ne veux voir personne.
- Combien de temps est-ce que ça va durer?
- Je ne veux pas de médication, c'est du chimique!
- Je ne veux pas être dépendant à vie et avoir besoin d'une béquille!
- Est-ce que je vais redevenir comme avant?

Bien sûr, certaines de ces réactions émotives douloureuses sont *inhérentes et dues* à l'état dépressif lui-même, qui déforme notre façon habituelle de penser, de ressentir et de juger les choses. Mais d'autres sont parfois reliées à notre ignorance, parfois à notre culture, à ses tabous, à ses fausses croyances et à ses valeurs. Je vais résumer la teneur des différentes réflexions que j'ai élaborées avec mes clients pour éclairer la situation en ces premières heures.

POURQUOI MOI ?

À la question: «Pourquoi moi?», je réponds: «Et pourquoi pas vous?» Dans la mesure où vous n'êtes pas au-dessus de la condition humaine, vous constaterez dans les lignes suivantes qu'il n'y a aucune raison pour laquelle vous *devriez* être épargné.

J'AI TOUT POUR ÊTRE HEUREUX, IL ME SEMBLE...

Vous estimez avoir tout pour être heureux? Eh bien, apparemment… non, ce n'est pas le cas. Chacune des personnes atteintes par la dépression *n'a pas* tout pour être heureuse! Puisque la dépression semble reliée en partie à la chimie du cerveau, quand cette chimie est déréglée, vous n'avez déjà plus «tout» pour être heureux! Ou encore, si vous avez hérité de vos ancêtres une plus grande vulnérabilité aux symptômes dépressifs, vous n'avez pas non plus tout pour être heureux! La vie est difficile à bien des égards, de bien des façons et pour beaucoup de monde. Pourquoi feriez-vous exception?

Ces énoncés sont d'autant plus vrais si vous faites partie de ceux qui ont peur de se plaindre, car il se peut que vous soyez porté à minimiser certaines de vos difficultés et que vous négligiez de considérer des éléments négatifs de votre vie ou de leur accorder de la valeur alors qu'ils vous affectent profondément et que vous les combattez avec «succès» depuis plusieurs années peut-être. Votre dépression est éventuellement un signal intelligent qui vous est envoyé.

Par exemple, une femme me disait: «Je devrais être heureuse: j'ai une belle maison, un travail qui me plaît, deux beaux grands garçons, un mari travaillant… » À travers la démarche thérapeutique, elle a fini par admettre que les comportements violents et méprisants que son mari adoptait lorsqu'il se mettait à boire (ce qui arrivait régulièrement) la minaient terriblement. Je me souviens aussi de cette jeune femme, heureuse dans son mariage et nouvellement mère, qui me disait : « J'ai un mari super, j'adore mon enfant, j'aime mon travail, je n'ai pas de problèmes particuliers, je ne consomme pas de drogues, je ne vois vraiment pas ce que j'ai… » Elle a finalement réalisé que sa relation avec sa mère l'envahissait quotidiennement et la grugeait de l'intérieur, parce qu'elle n'arrivait pas à y prendre sa place et à affirmer ses limites. Le plus souvent, sans qu'on s'en rende compte ou qu'on en prenne la réelle mesure, certains éléments de notre vie nous minent depuis longtemps et sont bloqués justement parce qu'on ne les conscientise pas, donc que l'on ne s'y attaque pas vraiment.

DE QUOI JE ME PLAINS ?

Soit vous vous comparez à des gens qui vous semblent vivre l'équivalent de votre vie sans « craquer » et vous vous dites que vous êtes en train de faire preuve de faiblesse, soit vous avez les yeux rivés sur ceux qui font face aux pires drames humains et vous vous reprochez votre souffrance personnelle, si insignifiante à côté de la leur.

Imaginons le scénario suivant : vous êtes dans votre cour, vous faites un faux mouvement et vous tombez. Fracture ouverte du fémur ! Vous sentez la douleur dans votre jambe… Aïe ! Cela fait très mal… Cependant, la semaine dernière, vous avez appris que le cousin de votre tante avait été grièvement blessé dans un incendie et qu'il est soigné à l'Institut des grands brûlés… Pendant que vous regardez votre cuisse, couché dans l'herbe en attendant des secours, devriez-vous avoir moins mal parce que vous savez que le cousin de tante Ida est en train de survivre à pire ?

Admettons-le, si vous criez de douleur malgré les brûlures de votre parent éloigné, cela ne veut pas dire que vous exagérez. Et si vous tremblez en attendant que l'ambulance arrive, cela ne veut pas dire que vous faites un caprice ou que vous manquez de courage.

Alors, je vous en prie, ne vous reprochez pas votre souffrance, en plus d'avoir l'os de la cuisse qui prend l'air !

De plus, comprenez bien que les douleurs et les vies ne se comparent pas. Un de vos copains se trouve peut-être dans une situation qui vous paraît semblable à la vôtre : il a le même nombre d'enfants, le même genre de travail, il vous semble heureux et pleinement fonctionnel. Mais il n'a peut-être pas le même patron ; pas la même épouse, n'a pas vécu le même rejet à l'adolescence, n'a pas dû déménager cinq fois au cours des dernières années, n'a pas la même chimie dans le cerveau ou… La liste peut être infinie. On ne peut décidément pas comparer les vies entre elles, à moins de rester très en surface. Dès que l'on entre un tant soit peu dans le détail, on se rend compte que chaque vie est un univers unique et incomparable en soi.

Par ailleurs, peut-être que ce copain à qui vous vous comparez aujourd'hui, qui va bien et que vous estimez, « craquera » plus tard. À plusieurs reprises, des clients m'ont appris qu'une personne à qui ils se comparaient venait de prendre un congé de maladie pour dépression, épuisement, fatigue ou autre diagnostic du même genre.

Il y a peut-être aussi des personnes de votre entourage actuel qui vont bien, mais qui ont déjà vécu un tel épisode sans que vous le sachiez. Immanquablement, chaque fois que les gens se mettent à parler plus librement de leur propre dépression, ils sont étonnés de constater que nombre de personnes ont déjà vécu cette expérience ou connaissent des gens qui l'ont vécue.

JE NE COMPRENDS PAS : J'AI TOUJOURS ÉTÉ UNE PERSONNE FORTE !

Si vous pouvez dire que vous avez toujours été quelqu'un de fort, c'est peut-être parce que vous avez dû assumer beaucoup de responsabilités ou surmonter un grand nombre de difficultés. Est-ce qu'être « fort » veut dire que vous vous êtes retrouvé souvent ou pendant longtemps dans des situations qui ne répondaient pas à vos besoins ? Pourriez-vous en être épuisé ?

Si j'achète une plante en pot et que je la laisse dans un placard sans combler ses besoins, la plante se flétrira à coup sûr, même si elle provient de la meilleure graine au monde. Pour donner le meilleur d'elle-même, la plante a besoin de conditions qui répondent à ses besoins en soleil, en nutriments et en eau. Je crois qu'il en va de même pour vous.

LE MÉDECIN M'A VU PIRE QUE JE SUIS VRAIMENT

Certaines personnes ont besoin de nier leur état dépressif parce qu'elles l'associent à de la faiblesse : elles refuseront alors l'arrêt de travail, la psychothérapie ou la prescription de médicaments. D'autres se sont habituées à vivre avec leurs symptômes et ne réalisent plus qu'il s'agit d'un état requérant des soins.

Vous avez peut-être l'impression que le médecin vous a vu dans un de vos pires moments. Une personne m'a déjà dit : « Tu sais, la question du médecin m'a fait pleurer, mais je ne suis pas toujours comme ça. » Après avoir interrogé cet homme de façon détaillée, j'ai constaté que, même si effectivement il ne pleurait pas tous les jours, *il en avait envie tous les jours*! Il se sentait mal tous les jours et dans sa vie en général depuis quelques semaines, mais les symptômes s'étaient installés de façon tellement graduelle qu'il s'y était habitué et n'en tenait pas compte dans l'évaluation de son état. En fait, tant qu'il arrivait à sortir du lit le matin et n'avait pas de douleurs physiques localisées, il considérait qu'il n'était pas malade.

JE NE VEUX VOIR PERSONNE, SURTOUT PAS MES COLLÈGUES DE TRAVAIL !

Parfois, la seule vue d'un collègue de travail nous rappelle trop le rythme que nous venons de quitter et, par contraste, nous met trop brutalement en face de notre immobilité actuelle. On peut traverser une période où l'on ressent le besoin de se dissocier complètement de tout ce qui nous rappelle le travail. On fuit même les appels de gens que l'on considère pourtant comme des amis au travail.

Ce n'est pas quand on a le teint vert, une voix monocorde ou que l'on craint ses réactions émotives qu'on a envie de se retrouver parmi le monde. Et on le comprend bien. Qui aime être vu dans ses pires moments? À cause de la vulnérabilité nouvellement ressentie, on a l'impression d'être nu devant les autres, et sans la capacité de se vêtir (masque social). On redoute les questions des autres. *On ne sait pas* pourquoi on est dans cet état. *On ne sait pas* ce qui nous arrive. *On ne sait pas* vraiment quand ça a commencé, ni vraiment quand ça finira… Peut-être aussi qu'on se sent submergé par une série de problèmes dont on n'a pas envie de parler.

Tout cela n'offre pas une position de départ tellement confortable pour un contact social…

De plus, la fatigue intense que l'on ressent parfois nous enlève l'énergie nécessaire pour les interactions sociales. Cependant, même si je comprends ce besoin animal et fondamental d'être à l'écart pour lécher sa plaie et que je pense qu'il faut y répondre dans la mesure du possible, je sais aussi qu'il ne faut pas être totalement sans contact avec des personnes significatives. Habituellement, celles-ci sont bien intentionnées à notre égard, peuvent nous aider à réfléchir sur certains problèmes et, surtout, sont là pour nous rappeler que l'on est AIMABLE, AIMÉ ET VALABLE, et que l'avenir n'est pas aussi noir qu'on le voit peut-être à ce moment-là. Il faut absolument combattre sa tendance à s'isoler si on nourrit des idées suicidaires.

COMBIEN DE TEMPS EST-CE QUE ÇA VA DURER?

Une dépression dure généralement quelques semaines ou quelques mois, beaucoup plus rarement quelques années, mais nul ne peut le prédire précisément. Même si l'on se prête aux deux traitements les plus recommandés (la médication et la psychothérapie), la durée du rétablissement varie d'une personne à l'autre. Un jour, j'ai dit au psychologue que je consultais que je ne sentais pas d'amélioration; je lui ai demandé si ma psychothérapie serait longue et si j'en avais encore pour longtemps à souffrir. Il m'a répondu avec l'image suivante: si j'ai très soif et que je monte un escalier sur lequel repose un verre d'eau tout en haut, je n'ai pas moins soif pendant que je monte l'escalier et ça peut même être le contraire. C'est pourquoi je peux être parvenue à une ou deux marches seulement du fameux verre d'eau et me sentir pourtant encore plus assoiffée. Ainsi, l'intensité de votre souffrance n'en annonce pas la durée. Vous pouvez vous sentir au plus mal et être tout près, quand même, de pouvoir répondre à votre besoin.

JE NE VEUX PAS PRENDRE DE MÉDICATION ! C'EST DU CHIMIQUE ET CE N'EST PAS NATUREL !

Votre cerveau *est un laboratoire chimique*, de façon naturelle. En effet, il «[...] contient environ 50 substances chimiques qui sont reconnues comme neurotransmetteurs[9] [...]». Par exemple, les endorphines, qui agissent comme analgésiques et peuvent jouer un rôle dans la mémoire, l'apprentissage, l'activité sexuelle et la régulation de la température corporelle; les dynorphines, qui peuvent agir dans le contrôle de la douleur et l'enregistrement des émotions; la substance P, qui stimule la perception de la douleur; l'ocytocine, qui, entre autres choses, améliore la mémoire; la sérotonine, qui interviendrait dans l'endormissement, la perception sensorielle, la régulation de la température et la maîtrise de l'humeur; la noradrénaline, l'adrénaline, la dopamine et l'histamine, qui peuvent avoir tantôt des effets inhibiteurs, tantôt excitateurs, etc.

Ainsi, prendre une médication ne me semble donc pas dénaturé comme se faire greffer une patte de reptile ou encore souffrir de décalage horaire (eh oui, car, quand on y pense, si l'homme n'utilisait que des moyens naturels, jamais il n'aurait eu à souffrir de décalage horaire: ni lui ni aucun animal qu'il puisse chevaucher ne se déplace assez vite pour cela!).

---

9. G. J. Tortora et S. R. Grabowski, *Principes d'anatomie et de physiologie*, p. 446.

Quand on souffre de diabète parce que le pancréas ne fabrique pas adéquatement l'insuline nécessaire, on prend de l'insuline; quand on a une grippe, on prend des aspirines; quand on a un problème avec sa glande thyroïde, on prend un traitement hormonal, etc. Alors pourquoi ne prendrait-on pas la médication appropriée quand c'est notre cerveau qui appelle à l'aide parce qu'il a des démêlés avec sa sérotonine (vous êtes plutôt tendu, anxieux); sa noradrénaline (vous êtes plutôt indécis et ralenti); son cortisol ou que sais-je encore?

On ne peut nier que la médication remporte véritablement des succès là où la Nature semble impuissante : les personnes dont la glande thyroïde fonctionne inadéquatement cessent d'être fatiguées en prenant un traitement hormonal, certains cancers peuvent être éradiqués à l'aide de la chimiothérapie, etc.

Je ne crois donc pas que l'idée soit de refuser totalement la médication *a priori*, mais bien plutôt de s'informer correctement et de rester en relation étroite avec son médecin afin d'avoir un bon suivi sur les réactions à la médication (je reviendrai plus en détail sur le sujet au chapitre 7). Je vous invite à garder l'esprit ouvert, car certaines études démontrent que la dépression non traitée est plus à risque de devenir chronique ou récurrente.

C'EST UNE BÉQUILLE ET JE NE VEUX PAS ÊTRE DÉPENDANT

Seule une petite proportion des gens atteints devront prendre des antidépresseurs toute leur vie. Et ce n'est pas une question de dépendance, car «[...] les antidépresseurs ne provoquent pas de pharmacodépendance[10]» ni d'accoutumance[11]. Une personne diabétique doit prendre de l'insuline toute sa vie pour maintenir son équilibre en sucre et une personne souffrant d'un cholestérol trop haut malgré un régime alimentaire équilibré doit prendre une

---

10. Olga Debiencourt, «La dépression: un difficile arrimage de soins», *Psychologie Québec : le magazine des psychologues du Québec*, p. 36.
11. Dr Christine Mirabel-Sarron, *La dépression, comment en sortir,* p. 131.

médication à vie pour se stabiliser à un taux moins dangereux. Ces personnes n'ont pas cédé à un caprice ou ne sont pas devenues «accro» à une médication dont elles pourraient se passer. La réalité, c'est qu'elles ont besoin de leur médication pour atteindre un état de bien-être *inatteignable autrement*. Si vous avez une prédisposition à ne pas fabriquer en quantités adéquates les substances chimiques qui induisent généralement chez les humains l'équilibre de l'humeur et de la vitalité, il vous faudra sans doute prendre à vie une médication qui vous permettra d'atteindre et de maintenir votre état de bien-être. Si vous devez prendre la médication à vie, c'est parce que vous en avez besoin, ni plus ni moins que celui qui, en plus du plâtre qu'il a gardé quelques semaines, devra *conserver à vie une tige de métal dans la cuisse*!

«La dépression [...] est nocive pour le cerveau. Plus elle dure longtemps, plus les effets néfastes s'accumulent[12].» Il ne faut donc pas hésiter à recourir aux traitements réputés pour avoir une certaine efficacité dans le traitement de la dépression.

REDEVIENDRAI-JE COMME AVANT ?

Vous ne redeviendrez probablement pas comme vous étiez avant, mais à long terme, selon toute vraisemblance, vous constaterez que ce n'est pas une perte. Il se peut que votre énergie habituelle soit longue à revenir, il se peut aussi que vous décidiez de vous en mettre moins qu'avant sur les épaules. Généralement, les gens comprennent mieux leurs limites. Ils les *sentent* dorénavant et choisissent souvent de les respecter, trouvant leur nouveau mode de vie plus équilibré et plus satisfaisant (plusieurs s'accordent plus de temps pour *vivre*, par exemple). Certains repensent à leur vie d'avant comme à un tourbillon. D'autres ont réalisé qu'ils devaient s'extraire de relations nocives et considèrent leur passé comme une période de non-respect d'eux-mêmes. L'entourage peut s'être modifié à la suite de certaines décisions. Bien souvent,

---

12. André Gaudreault, «L'impact de la médication sur l'évaluation psychologique», *Psychologie Québec: le magazine des psychologues du Québec*, p. 32

une révision du système de valeurs peut avoir été effectuée : performance *versus* repos ; travail *versus* récompense ; argent *versus* temps de vivre ; image sociale *versus* authenticité, etc. Bref, la dépression débouche souvent sur des choix différents dans la façon de mener sa vie et d'entretenir ses relations. On se connaît mieux, on se respecte mieux. Tout n'est plus comme avant, mais au bout du compte le changement peut être vécu comme souhaitable et porteur d'un meilleur équilibre.

Certaines personnes se sentent même plus heureuses « après », même si elles se sentent « changées » par la dépression. À long terme, les gens peuvent dire que l'expérience a été utile pour eux. Bien évidemment, et même si je prêche pour ma paroisse, je crois sincèrement qu'entreprendre une psychothérapie avec un psychologue peut vous aider à y voir plus clair et à bien assimiler ce qui est en train de se passer dans votre vie. Cette démarche est également susceptible de vous aider à faire en sorte que l'épisode dépressif ne se répète pas et qu'il vous devienne même profitable.

4

Les causes de la dépression

On se demande ce qui cause la dépression. Comme pour presque tout dans la vie, la réponse n'est ni simple ni à facteur unique. Les causes de la dépression se révèlent multiples et nous les connaissons mal, puisque nous ne savons pas encore *prédire* qui fera ou non une dépression.

L'APPROCHE BIO-PSYCHO-SOCIALE

Les sciences actuelles, dont la psychiatrie moderne, ont adopté une vision selon laquelle ce qu'il advient d'un organisme (un humain, en l'occurrence) découle des caractéristiques propres à cet élément (corps physique et personnalité, par exemple), mais n'est pas indépendant non plus du milieu dans lequel il vit. C'est ce qu'on appelle l'approche bio-psycho-sociale.

En psychiatrie moderne, l'étude de l'humain se fait en considérant trois dimensions qui ont des effets réciproques et indissociables :

* La dimension biologique : la vie n'est pas la même selon qu'on a un corps en santé ou pas, selon qu'on est beau ou pas ;
* La dimension psychique : l'expérience même de la vie sera différente selon qu'on a tel type de pensées ou de personnalité, selon qu'on ressent certaines émotions plus que d'autres, etc. ;
* La dimension sociale : l'expérience qu'un humain peut faire de la vie sera différente selon les expériences que lui fournira son environnement, c'est-à-dire selon la culture, la période historique, la qualité du réseau social, les conditions de vie du milieu et les événements qui surviendront.

Pour tenter de cerner ce qui cause la dépression, il faut s'intéresser au moins aux trois niveaux d'observation révélés par le modèle de pensée bio-psycho-social.

LE BIOLOGIQUE

Certains indices permettent de penser qu'il y a une *transmission génétique* reliée à la fréquence d'apparition de certains troubles dépressifs chez un individu. Par exemple, chez des jumeaux identiques, on a trouvé une plus grande concordance dans la présence d'une maladie affective que chez les jumeaux non identiques. En comparant des enfants adoptés, on s'est aperçu que, même s'ils étaient élevés dans une autre famille, ceux dont les parents biologiques étaient atteints de dépression avaient un plus grand risque de souffrir de la maladie que ceux dont les parents n'étaient pas atteints[13]. Cependant, ce ne sont pas *tous* les enfants de parents malades qui souffriront de dépression.

On sait aussi que certains désordres chimiques sont présents *en même temps* que la maladie et que les traitements visant à rétablir le taux de certaines substances dans le cerveau obtiennent du succès. Cependant, on ne peut pas dire que la chimie est la *cause précédant* la maladie, car, parmi les gens dépressifs, il y a certaines personnes qui présentent un tableau normal de leur chimie.

LE PSYCHIQUE

Nous savons que la constitution psychique d'un individu (tempérament, quotient intellectuel, traits de personnalité, etc.) modèle sa façon particulière d'expérimenter la vie et sa relation au monde. Par exemple, une personne qui *n'a pas les mots pour le dire* peut avoir plus de difficultés à assimiler un événement émotionnel important qu'un individu qui verbalise aisément. Un individu au tempérament bouillant et plongé dans un embouteillage trouvera pénible le chemin du retour à la maison, alors qu'un individu très cérébral pris dans le même embouteillage en profitera pour se perdre dans

---

13. P. Lalonde, J. Aubut, F. Grunberg et collb., *op. cit.*, p. 405.

ses pensées et digérer sa journée. Donc, la personnalité joue un rôle important dans toute l'expérience qu'un individu fait de sa vie, dans sa façon de la percevoir et de l'orienter. Il y a ainsi des types de personnalité qui semblent plus susceptibles que d'autres de vivre une période dépressive. Cependant, la personnalité n'explique pas tout, car ce ne sont pas *tous* les gens ayant tel type de personnalité qui vivront une dépression. On ne peut pas, à partir seulement du type de personnalité, prédire avec efficacité qui souffrira d'une dépression au cours de sa vie.

L'ENVIRONNEMENT

Le chasseur sait depuis longtemps que les forêts de conifères et leurs végétaux donnent à la chair du gibier son goût si particulier. De la même façon, l'être humain est en échange constant avec l'environnement dans lequel il baigne. Ce qu'il devient dépend en partie du milieu dans lequel il évolue et des événements auxquels il sera exposé : « Il existe de nombreuses preuves que les expériences existentielles précoces, récentes et courantes affectent la forme et l'évolution de beaucoup de maladies mentales ou physiques[14]. »

Des études démontrent que certaines conditions environnementales sont plus souvent présentes que d'autres dans le tableau de survenue de la maladie mentale (si vous êtes choqué par l'appellation « maladie mentale », je vous suggère de vous rendre au chapitre 6, où j'aborde les préjugés sur le sujet). Par exemple, la perte répétée d'êtres chers ou l'impossibilité d'avoir un confident sont des facteurs pouvant prédisposer à la dépression. Dans un même ordre d'idées, la pauvreté économique peut être plus souvent associée à la présence de certains troubles dépressifs. Mais aucune des conditions de l'environnement externe ne peut constituer une cause directe et inéluctable de la maladie, car ce ne sont pas *tous* les endeuillés ni *tous* les pauvres qui en souffriront. On ne peut donc pas plus prédire la dépression uniquement à partir de considérations environnementales.

---

14. *Ibid.*, p. 7.

La conclusion actuelle est qu'il n'y a pas d'explication simple à la maladie mentale, pas de cause connue qui serait uniquement biologique, uniquement psychologique ou uniquement environnementale. Ce qui arrive à l'humain dans la maladie mentale procède vraisemblablement de la coexistence de ces trois sphères, intimement reliées et constamment en situation d'échange et d'influence réciproque : le corps physique, le soi interne et l'environnement extérieur.

Alors, *si même les savants sont incapables de déterminer ce qui cause la dépression, sur la base de quelle logique s'accablerait-on soi-même en se reprochant d'être « trop ceci » ou « pas assez cela »…?*

5

Les agressions de la modernité

Les gens frappés par la dépression sont souvent portés à se blâmer, comme s'ils assimilaient cette maladie à une faiblesse personnelle. J'espère que ce chapitre vous aidera à voir plus grand et à comprendre que la maladie qui vous frappe est peut-être en partie un message social. Prenons un peu de temps pour réfléchir à l'évolution humaine et aux conditions de vie actuelles.

Étant donné que la société est en fait un regroupement d'humains qui s'organisent ensemble pour mieux vivre, il me semblerait tout naturel que les volontés politiques soient orientées vers *la satisfaction des besoins humains fondamentaux,* ce qui conduirait à la santé et à l'épanouissement tant psychique que physique des individus. Autrement dit, la société devrait *vouloir que ses membres soient épanouis* et elle devrait faire ses choix en fonction de cette priorité.

Pourtant, l'attention me semble détournée par la volonté de s'insérer de façon prospère dans un système capitaliste d'envergure mondiale et inventé par l'homme. L'argent semble devenu une chose vivante et vorace qui se mange et s'engraisse d'elle-même (par une rumeur à la bourse, par exemple) et les humains semblent devenus *des outils qu'on adapte* pour atteindre la prospérité financière.

Parfois, certaines personnes dépressives me disent que «la vie était plus dure avant» et que nous sommes devenus douillets. Je crois qu'au contraire nous malmenons certains de nos besoins psychiques, que nous connaissons encore bien mal.

LA VIE EST-ELLE VRAIMENT PLUS FACILE QU'AVANT ?

« Il est indéniable [...] conformément aux résultats de nombreuses recherches dont la rigueur scientifique ne peut être contestée, que [...] le style de vie et les problèmes existentiels de l'homme contemporain vivant dans une société nord-américaine non seulement affectent sa santé mentale, mais affectent aussi bien sa santé physique[15]. »

Il est vrai que nous avons beaucoup gagné en confort physique : nous ne sommes plus obligés de sortir dehors en pleine nuit et pendant les intempéries pour aller faire nos besoins. Nous ne gelons plus dans la maison à 5 h du matin parce que le poêle à bois est éteint. Nous mangeons mieux (plus de variété dans les marchés) et il y a moins de tâches qui exigent beaucoup de force physique, car nous les avons mécanisées.

Cela dit, il ne faut pas conclure tout bonnement que nous en sommes arrivés à un mode de vie idéal. Nous sommes sans doute à l'abri des intempéries plus qu'avant, mais la modernité nous agresse à sa façon et cela aussi fait partie de notre réalité.

LE CORPS MEURTRI

Par exemple, avec l'industrialisation et l'électricité est apparue la possibilité de travailler quand il fait noir. Des millions de personnes travaillent maintenant la nuit dans les usines toute leur vie durant, malgré un *besoin physique et une programmation biologique et millénaire pour dormir la nuit*. D'ailleurs, la plupart disent qu'on ne s'habitue jamais vraiment à travailler de nuit.

Pensons maintenant aux gens qui effectuent toujours la même série de mouvements dans un travail à la chaîne et qui développent des problèmes liés à la répétition de leurs gestes. Pensons à ceux qui subissent beaucoup de stress à cause d'une cadence trop rapide sur la chaîne de montage. Pensons aussi à ceux qui sont contraints de ne pas bouger pendant de longues heures, reliés à une console

---

15. *Ibid.*, p. 7.

téléphonique ou assis à un bureau d'ordinateur, et ce, malgré un *besoin biologique naturel de bouger librement.* Ne venons-nous pas, d'ailleurs, d'établir un lien entre le style de vie sédentaire et certaines maladies physiques (les maladies coronariennes, par exemple) ?

Ainsi en est-il des blessures que la modernité peut infliger à notre corps, même si c'est maintenant une machine qui frotte notre linge pour le laver.

UN ESPRIT EXCESSIVEMENT SOLLICITÉ

Sur le plan mental, nous sommes très sollicités. Le simple fait d'acheter une boîte de céréales d'une marque précise peut se révéler fastidieux : il y a pratiquement un mur complet de boîtes de céréales de marques différentes et chacune a une présentation voulant attirer le regard ! Se procurer des biens de consommation équivaut à un marathon. On visite plusieurs magasins et on est exposé à une quantité inimaginable de produits de toutes sortes et de prix différents.

Parce que nous sommes intelligents, nous avons multiplié les données dans notre vie mentale quotidienne, laquelle est devenue complexe. Nous avons parfois l'impression qu'il nous faut devenir des spécialistes de tout et maîtriser un univers entier d'informations avant de prendre la moindre décision, que ce soit pour acheter les fenêtres d'une maison, souscrire à une assurance-vie, louer un véhicule automobile, choisir un jouet d'enfant ou la meilleure marque de pain ou de céréales ! Quelqu'un a déjà dit qu'en lisant un seul journal quotidien aujourd'hui nous assimilons autant d'informations que le paysan moyen en assimilait durant toute sa vie voilà quelques centaines d'années ! Les publicités sont rapides et présentent de plus en plus couramment des montages d'images qui défilent très vite.

La vie d'aujourd'hui est bien différente de ce que vivait mon arrière-grand-mère. Jadis, quand elle allait faire les courses au village, elle partait à pied ou en carriole. Au lieu des bannières commerciales innombrables et changeantes, d'un flot de gens, de vélos et de voitures qui se succèdent, elle voyait les quelques maisons de ses voisins, les animaux qu'elle croisait peut-être et les champs de culture qui la séparaient du village. Les seuls bruits dans son oreille étaient ceux de sa respiration ou de la conversation qu'elle avait avec quelqu'un, le bruit du vent et de l'eau, des animaux et des roues de la carriole ou de ses bottes sur la terre. Arrivée au magasin général, elle empoignait une poche de farine de la seule marque disponible!

Quant à sa fille, ma grand-mère, elle ne courait pas entre deux poinçons d'horodateur. Elle et moi quittions le travail des champs en avance pour aller préparer le repas. Après le dîner, tout le monde faisait une sieste d'environ 30 minutes, *réagissant ainsi avec naturel au petit détournement d'énergie qu'occasionne la digestion*. Puis, nous repartions tous ensemble pour les champs, à un rythme naturel et sans courir vers un horodateur, un bus ou un taxi.

LA MISE À DISTANCE DE NOTRE SENS SPIRITUEL

Je pense aussi que nous sommes *surexposés à nos propres créations*, à nos propres produits, au détriment de contacts réels avec la nature.

Aujourd'hui, la plupart d'entre nous pourrions passer beaucoup de temps sans avoir à sortir dehors. Nous pouvons demeurer à l'intérieur de nos maisons et faire venir à nous la nourriture, les soins, les produits de pharmacie et passer la journée à regarder des films ou à jouer à des jeux informatiques. Nous avons la possibilité de vivre exposés presque uniquement à ce que *nous* avons fabriqué. Par exemple, dans une grande ville à gratte-ciel, même quand nous sortons à pied ou en voiture, et à moins de lever la tête pour regarder le carré de ciel juste au-dessus de sa tête, nous avons dans notre champ de vision des murs d'immeubles, des néons commerciaux, des véhicules, de l'asphalte, tous des produits créés par l'homme. *Nous perdons de vue que nous habitons un monde que nous n'avons pas créé, ce qui me semble très grave*. Dans certains quartiers, les quelques végétaux urbains confinés dans de petites boîtes sont d'insignifiantes touches décoratives qui n'ont plus le pouvoir de nous faire sentir la prodigieuse puissance de la Création, *vrai fond solide sur lequel nous avons bâti un monde éphémère qui nous subjugue.*

Avant, l'horizon n'était pas caché par des gratte-ciel agglutinés en quartiers ; la beauté des ciels du couchant était enchanteresse et accessible. La nuit, la voûte étoilée n'était pas masquée par la réverbération des lumières de la ville et il était si facile d'entendre le bruit du vent dans les feuilles des arbres. La vie avait un rythme envoûtant quand on sarclait en famille dans les champs, sous la chaleur du soleil et qu'on entendait le chant hypnotique d'un oiseau. Il me semble que les journées étaient naturellement parsemées d'invitations à la spiritualité et à un rythme contemplatif. Comment assister quotidiennement au spectacle de la nature sans en concevoir une pensée pour le mystère de la Création ou un sentiment sur Dieu ? Aujourd'hui, nous nous amputons de cette part de la réalité. Nous perdons de vue la conscience d'une force qui a présidé à tout cela et sur laquelle il fait bon s'appuyer parfois.

LE MORCELLEMENT DE NOS RELATIONS

La multiplication des commerces et des spécialités, la facilité d'accès aux moyens de transport et l'étendue des déplacements personnels ainsi que la multiplication des activités individuelles ont engendré une éclosion du nombre de contacts avec des gens qui nous resteront étrangers, avec qui nous ne développerons pas d'attaches et avec qui nous ne partagerons pas d'histoire. Ceux avec qui nous travaillons ne sont pas ceux que nous côtoierons dans les magasins, ni ceux que nous verrons au cinéma, à la fête de quartier ou à la piscine publique…

En fait, on a beaucoup plus de contacts sociaux avec des inconnus. Nos relations interpersonnelles se déroulent en grande partie dans un contexte plutôt compartimenté, sur un mode unidimensionnel et peu investi.

Quand je repense à la vie rurale de mon enfance qui s'était créée autour de l'agriculture, j'ai le sentiment d'un fil conducteur qui ne se brisait pas souvent. Les gens avec qui j'allais à l'école du rang, je les retrouvais sur la patinoire du village, à l'église, au cinéma communautaire ou au magasin général après la messe. Nous étions plus fréquemment entourés de gens significatifs.

Aujourd'hui, ces réseaux relationnels plus significatifs (famille, amis, collègues, voisins) se trouvent menacés dans leur stabilité. La précarité des emplois fait qu'on peut changer souvent de collègues. Par ailleurs, à cause des services de transport, les gens acceptent peut-être plus volontiers qu'avant de déménager pour aller travailler dans d'autres villes, ce qui fait en sorte que les relations familiales sont moins investies dans le quotidien. Les contacts amicaux de longue date peuvent devenir plus difficiles à maintenir si on est appelé à s'éloigner plus souvent.

Depuis toujours, nous vivions le jour et dormions la nuit. Depuis toujours, nous vivions au rythme contemplatif de la nature. Depuis toujours, nous vivions dans un petit rayon de territoire, plongés au sein de relations restreintes mais stables.

Avant, le corps gardait la forme à même les tâches de la journée. Aujourd'hui, il faut prévoir du temps pour «s'entraîner»!

Avant, les femmes s'entraidaient pour «se relever» après un accouchement. Aujourd'hui, voisines, sœurs et belles-sœurs travaillent à l'extérieur, et la mère n'a bien souvent que quelques semaines avec l'enfant.

Avant, l'enfant connaissait tous ceux qui l'entouraient. Aujourd'hui, il est entouré d'étrangers en qui on lui dit de ne pas avoir confiance.

Avant, on travaillait dehors avec la nature ou à l'intérieur au crépitement du feu. Aujourd'hui, on vit une sollicitation massive, trépidante et continuelle de notre énergie mentale et de notre temps.

Nous avons découpé nos vies en compartiments et nous perdons du temps à courir d'une «boîte» à l'autre.

On peut penser que les changements des 50 dernières années représentent un virage en épingle sur le chemin des conditions de vie physique, mentale et affective de l'homme. Je crois utile de réfléchir au fait que le siècle dernier a vu naître des formes de stress qui n'ont *jamais existé* avant dans les sociétés humaines. Nos progrès ne sont probablement pas une erreur, mais je crois qu'ils font fi de ce à quoi nous étions habitués *depuis des millénaires*. Et je crois également que, même si l'homme est virtuellement capable de s'adapter de façon heureuse aux changements récents *qu'il a lui-même instaurés*, il lui faudra du temps. En attendant, *nous sommes des mutants*.

Je remercie le Ciel d'avoir connu le mode de vie rural, car je sais, heureusement, que le rythme de vie actuel a bel et bien été *inventé par nous*, et n'est *en aucune manière la seule façon de vivre*. Je plains les jeunes d'aujourd'hui qui ne le savent pas, n'ont pas le moindre souvenir d'autre chose, ne connaissent rien d'autre que la course folle actuelle et la prennent «pour du *cash*», croyant que c'est absolument ça, la vie, et estimant, malheureusement, qu'ils sont inadéquats en tant que personnes s'ils n'arrivent pas à maintenir la cadence, à avoir l'esprit occupé à mille choses en même temps, à travailler, à suivre des cours, à s'entraîner, etc. Évidemment, je ne crois pas que la vie d'avant était parfaite, loin s'en faut. Cependant, je suis persuadée qu'il serait sage d'essayer de comprendre ce qui nous convenait le plus dans ce mode de vie d'antan et d'en isoler les effets positifs afin de tenter de les conserver dans le style de vie d'aujourd'hui.

SI TU ASPIRES À DEVENIR LE MAÎTRE D'UNE CHOSE, COMMENCE D'ABORD PAR OBÉIR À SES LOIS[16] !

Comment pourrais-je forcer la transformation de l'eau en glace si je ne tiens pas compte des réactions de l'eau à la température ambiante ? Comment pourrais-je aspirer à dompter un tigre pour le cirque si je ne daigne pas tenir compte de son besoin de manger de la viande ? Comment un humain peut-il être maître de lui-même

---

16. Je n'ai pas le mérite d'avoir formulé cette phrase dont l'origine m'est inconnue, mais que j'ai trouvée pleine d'intelligence !

et de sa destinée s'il contourne ou ignore ses besoins fondamentaux?

Nous pouvons penser que la vague actuelle des troubles dépressifs et anxieux représente, en partie, une protestation de notre nature devant ce que nous lui imposons. Il est simplement dommage que vous soyez peut-être en train de faire les frais de l'ignorance humaine présente !

6

Dépression, maladie mentale et tabou

Vous savez maintenant qu'il n'y a pas de causes clairement identifiées qui permettraient de prédire avec certitude l'apparition de la dépression. Vous savez aussi que cette maladie peut prendre plusieurs visages particuliers. Les catégories diagnostiques actuelles ont été établies progressivement, et non sans difficultés, par les chercheurs. Elles continueront sans doute à évoluer encore, tout autant que notre façon de comprendre et de définir les troubles mentaux. En fait, l'appellation populaire « dépression » recouvre une large gamme de troubles que les professionnels de la santé différencient selon des associations particulières de symptômes que je ne m'attarderai pas à décrire ici[17].

DÉFINIR LA DÉPRESSION

Dans son sens large, la dépression se définit comme une maladie mentale caractérisée principalement par une perturbation marquée de l'humeur, laquelle se traduit souvent par de la tristesse ou une perte d'intérêt ; à ces symptômes peuvent « […] se greffer une multitude d'autres symptômes tant psychiques que physiques[18] ».

Dit simplement comme ça, il n'y a pas de quoi avoir honte.

---

17. *Le Manuel diagnostique et statistique des troubles mentaux (DSM-IV)* est un des manuels spécialisés les plus utilisés comme référence par les professionnels et les experts en santé mentale du monde. Il contient la description de tout ce qui est considéré comme une maladie mentale ; les définitions des différentes catégories de troubles de l'humeur y figurent également.
18. P. Lalonde, J. Aubut, F. Grunberg et collab., *op.cit.*, p. 394.

UN TABOU

Au fil de mes années de pratique, j'ai pu constater que l'on éprouve encore de l'embarras devant la maladie mentale et qu'un tabou persistant entoure bel et bien le sujet (et ce, même au sein de ma famille). Bien sûr, d'une part, on éprouve toujours un malaise devant l'inhabituel et l'imprévisible ; d'autre part, étant donné que les maladies mentales s'expriment surtout par des comportements, elles paraissent plus mystérieuses ou imprévisibles et suscitent de la peur. Lorsque vous êtes en présence d'une personne atteinte de dépression, vous ne savez plus comment elle va réagir. Vous marchez sur des œufs ou êtes tenté de vous éloigner momentanément. Voilà une partie du malaise qui est compréhensible.

Si votre voisin avait une jambe dans le plâtre, vous ne seriez sans doute pas embarrassé, en rentrant le soir, de lui demander : « Et alors ? Comment va ta jambe ? As-tu beaucoup de mal ? As-tu commencé à marcher dessus ? » Alors que s'il était atteint de dépression, vous ne seriez probablement pas suffisamment à l'aise pour prononcer un seul mot à ce sujet, à moins d'avoir déjà avec lui une relation très intime.

Quand c'est la première fois qu'on souffre d'une dépression et que le médecin nous déclare temporairement inapte au travail ou nous prescrit une médication, on réagit parfois comme si cela portait atteinte à notre dignité. Comme on l'a vu, cette réaction est due en partie à la maladie elle-même, qui prédispose à une vision négative de soi, mais aussi peut-être aux valeurs qui ont actuellement cours dans la société, l'accent étant mis sur la performance et la rentabilité économique. Le rythme de vie actuel nous contraint à une grande productivité quotidienne. C'est devenu la réalité de tout un chacun. Nous courons, nous produisons, nous nous essoufflons et nous en prenons l'habitude même si nous nous en plaignons tous. Tant et si bien que lorsque nous devons nous « arrêter » et ne plus produire, alors que nous ne présentons *pas de blessures apparentes*, nous ressentons une culpabilité de ne plus être avec les autres petits hamsters dans la roue… Comme si nous nous permettions de *profiter d'une position enviable*.

Être dépressif, c'est se sentir totalement à contre-courant de ce qui est demandé par la société actuelle.

En plus du pessimisme inhérent à la dépression et de l'auto-culpabilisation éventuelle en regard des valeurs de performance que prône la société, certains individus ressentent également de la honte du fait qu'ils souffrent d'une maladie qui est *mentale*.

UN PEU D'HISTOIRE...

Je crois que les racines de cette honte tenace s'étendent depuis une époque pourtant révolue.

Au Moyen Âge, les personnes qui souffrent de maladies mentales assorties de comportements dangereux, répréhensibles ou inadaptés sont enfermées en prison, enchaînées parmi les criminels et traitées de la même façon qu'eux. Ce sont des « fous ». On perçoit alors la « folie » comme un *vice moral* qui doit inspirer de la honte et du repentir à son auteur et qui, chose certaine, lui vaut d'être méprisé et puni par son entourage. On conçoit la folie comme un désir et *un choix de ne pas se conformer, de ne pas obéir aux règles, un choix de se laisser aller à sa bestialité, de transgresser volontairement les lois civiles ou religieuses.* Ce n'est que plus tard que l'on établira une distinction entre la maladie mentale et l'immoralité ou la criminalité.

Philippe Pinel, un médecin français (1745-1826) aujourd'hui considéré comme le fondateur de la psychiatrie moderne, *fait enlever les chaînes aux pieds des malades.* Il différencie la maladie de la criminalité, fait sortir les malades des prisons et entreprend l'élaboration de traitements. Pour lui, il est souhaitable d'isoler les malades mentaux de leur milieu de vie et de les traiter en milieu spécialisé (asiles). L'arrivée de Pinel marque le début d'une nouvelle ère durant laquelle on commence à étudier les différentes formes de maladies mentales, à les répertorier, à les décrire et à en étudier les causes. On se met à traiter les patients avec douceur plutôt que par la punition.

Presque 100 ans après Pinel, un médecin autrichien, Sigmund Freud (1856-1939), juge nécessaire de *donner la parole* aux malades mentaux, se détournant ainsi des conceptions et des méthodes traditionnelles. Avec lui, le traitement des malades repose dorénavant sur les soins de la psyché et non plus seulement sur la médication. Freud fait parler ses patients et analyse le contenu de leurs émotions, souvenirs, pensées, comportements et rêves afin de comprendre leur signification, le sens du message porté par l'ensemble de la personnalité intérieure. Il s'intéresse au vécu personnel des gens atteints de maladie, à leur façon de percevoir le monde et la vie. Il oriente notre regard vers l'«intérieur» de l'individu, nous dit que nous avons un inconscient (ce qui est, encore aujourd'hui, un de ses apports majeurs). De plus, à cette époque hautement puritaine, il nous dit que nous sommes habités par une pulsion sexuelle inconsciente (notion qui a largement été retravaillée et redéfinie depuis et qui a pu être mal comprise du grand public à l'époque).

Voilà le terreau dans lequel ont germé nos *premières impressions* sur ce qui relève de la fameuse *sphère mentale*. Les premiers clients de la psychiatrie naissante ayant été repêchés dans les prisons parmi ceux que la société considéraient à tort comme des criminels, et le discours de Freud ayant peut-être donné à penser qu'en y regardant de trop près, chez soi ou chez l'autre, on découvre le repaire du démon dans un inconscient où sont tapies des pulsions inavouables, il ne faut pas trop s'étonner du fait que, dès le début, on ait *associé à tort les concepts de psychiatrie, folie et mauvaise âme.*

LA MALADIE MENTALE

Y a-t-il encore un tabou autour de la dépression?

Y a-t-il un plus grand tabou encore autour de ce qu'on appelle *maladie mentale*?

Je crois qu'au cours des 20 dernières années une certaine habituation ou banalisation s'est faite autour de ce qu'on nomme «dépression». Ce trouble survient dans l'entourage plus ou moins proche de la plupart d'entre nous. Il n'est effectivement plus rare d'avoir un collègue, un ami ou un parent qui s'absente du travail pendant une certaine période pour cause de fatigue, de surmenage, de dépression… ou d'entendre tout simplement dire qu'il ou elle «ne filait pas». Quand on parle de la dépression de quelqu'un, les gens réagissent toujours, mais ils semblent être mûs beaucoup plus par la sympathie que par quoi que ce soit d'autre.

Cependant, l'expression «maladie mentale», elle, semble susciter une forte gêne, comme si ces mots ajoutaient à la gravité de la maladie ou en faisaient un sujet de honte. Même parmi ceux de mes proches qui ont eu à lire ce manuscrit, certains ont réagi fortement en voyant associer la dépression à la maladie mentale, au point d'être tentés de refermer le livre.

Alors j'imagine que, de prime abord, aucun lecteur n'aimerait reconnaître ses symptômes dans l'un ou l'autre des diagnostics qui sont répertoriés par le *Manuel diagnostique et statistique des troubles mentaux*!… Brrr! À lui seul, le titre fait peur… Certains préféreraient même sans doute se casser la jambe plutôt que de souffrir d'une *maladie mentale*! Vraiment?

Eh bien, sachez qu'à l'intérieur de ce livre au titre si évocateur figurent des «troubles mentaux» tels que l'insomnie, certains troubles liés à la caféine, au sevrage de la nicotine et aux cauchemars, la maladie de Parkinson, la phobie ou la peur de parler en public, etc. Bon, la dépression y figure aussi. Et puis après?

NE PLUS AVOIR PEUR DES MOTS

Dans le *Manuel diagnostique et statistique des troubles mentaux* lui-même, bible des psychiatres et des médecins, il est dit, en avant-propos, «[qu'il] n'y a pas de "distinction" fondamentale à établir entre troubles mentaux et affections médicales générales».

Toujours dans ce même livre, il est dit, plus loin, sous la rubrique intitulée «Définition du trouble mental»: «[…] le terme de *trouble mental* implique malencontreusement une distinction entre les troubles "mentaux" et les troubles "physiques", ce qui est un anachronisme réducteur du dualisme esprit/corps. Il existe une littérature importante pour démontrer qu'il y a beaucoup de "physique" dans les troubles "mentaux" et beaucoup de "mental" dans les troubles "physiques[19]."»

19. Page XXVIII.

Ainsi s'avère-t-il dépassé de considérer la maladie mentale comme quelque chose d'autre ou quelque chose de «plus» ou de «moins» qu'une maladie physique. Notre corps et notre mental sont liés, ils ne forment probablement qu'une seule et même entité[20]. Spécifier qu'il s'agit d'une maladie mentale veut simplement dire qu'il s'agit d'un syndrome ou d'un trouble affectant surtout les comportements et les aspects psychologiques d'une personne, tout comme un problème de la vue affecte particulièrement la vision chez une personne.

INTÉGRER LES ASPECTS MENTAL ET AFFECTIF DE NOTRE VIE

L'existence du corps biologique est indiscutable. Je ne pourrais pas, même si je le voulais, nier l'existence de mon corps et devenir invisible. Par contre, il est possible de nier la réalité de la vie psychique : on peut effectivement ne pas exprimer aux autres ou, pire, *à soi-même*, ses besoins, ses réactions, ses sentiments ou ses pensées. Ils sembleront alors disparaître comme s'ils n'avaient jamais existé.

Puisque la psyché peut être aussi difficile à saisir et qu'elle se révèle aussi importante pour notre équilibre, il faut redoubler d'intérêt à son égard et augmenter nos efforts en vue de mieux la connaître… et mieux la respecter. Ainsi deviendrons-nous maîtres de notre équilibre.

Nous avons un besoin criant d'intégrer sciemment l'aspect psychique de notre vie à notre culture et à nos choix de société, afin de pouvoir vivre en harmonie avec nous-mêmes. La psychologie est encore jeune et s'intéresse à quelque chose d'impalpable, mais qui est aussi légitime et inhérent à notre existence que notre corps biologique.

---

20. Ne pas confondre ici le mental et l'âme. Dire que le mental et le corps sont une seule et même chose ne signifie pas que nous n'avons pas d'âme. Cela semble plutôt indiquer que, quand on parle de maladie mentale, on désigne plus spécifiquement un désordre relevant du cerveau (qui n'est bel et bien qu'une partie précise de notre corps).

La préoccupation pour le corps matériel est socialement encouragée par la transmission officielle de connaissances de base sur le sujet, et ce, dès la petite école. Par exemple, on sait que la santé de notre corps physique est régie par des lois incontournables (ingérer des aliments qui seront transformés en énergie, avoir des périodes de récupération, ne pas s'exposer à des poisons, ne pas respirer de l'eau mais de l'air, guérir les infections, etc.). Nous savons que ce corps est constitué d'éléments (les tissus, les organes, l'ossature, les hormones) et a sa propre façon de fonctionner (régulation de la température par la sueur et la chair de poule, réaction aux infections par la fièvre, etc.). Nous comprenons facilement que, le plus souvent, ce sont le bien-être, le plaisir ou les sensations de satisfaction qui constituent les meilleurs indicateurs pour guider le corps vers sa survie : le corps aime manger et ça le nourrit, le corps aime faire l'amour et ça assure la perpétuation de la race, le corps aime respirer librement et ça l'oxygène, le corps aime bouger et ça le tient en forme, le corps aime dormir et ça lui permet de récupérer, le corps aime la chaleur et ça le garde en vie. Quand le corps ressent de vives réactions de déplaisir ou quelque forme d'inconfort, cela signale la plupart du temps un comportement à corriger (enlever son doigt de la flamme, mettre une couverture sur ses épaules, manger moins la prochaine fois, vomir des aliments pas frais, etc.). Un organisme qui est dans de bonnes conditions se sent bien ; un organisme qui n'est pas dans de bonnes conditions ne se sent pas bien.

La réalité psychique de notre être est ce avec quoi nous vivons tous les jours, intérieurement, c'est-à-dire notre façon subjective d'être soi-même, de penser et de nous sentir au monde. Quand on parle de la nécessité pour le corps physique de répondre à ses besoins et de *rechercher la satisfaction* pour trouver les voies de sa survie, tout le monde acquiesce. Mais quand on applique le même discours pour l'aspect psychique de notre vie, il y a un mouvement de recul dans la salle. Toutes sortes de fantômes surgissent : caprice ? faiblesse ? enfantillage ? égocentrisme ?

Détourner une partie de notre attention et de nos soins vers cette psyché et rechercher la satisfaction psychologique ne me semble pas dénué de bon sens. C'est simplement se responsabiliser face à une réalité personnelle (le soi), tout comme on prend la responsabilité de sa santé physique.

Je crois sincèrement que plusieurs des connaissances réservées aux travailleurs en relation d'aide devraient être enseignées à tout le monde et devraient tout bonnement être intégrées au programme scolaire de base. On entend souvent dire qu'il faudrait suivre un cours pour être parent. J'ai envie de dire qu'il faudrait aussi suivre un cours pour être humain !

Le fonctionnement de notre vie psychique devrait nous être enseigné explicitement à l'école, tout comme on le fait pour bien d'autres sujets. À l'école, nous apprenons l'histoire des civilisations anciennes, mais nous n'apprenons pas ce que notre frère ou notre sœur de tel âge peut ou ne peut pas faire ou comprendre. Nous apprenons à nommer les capitales de pays lointains que nous ne visiterons probablement jamais, mais nous restons dans l'ignorance des points névralgiques de notre psyché. Nous apprenons clairement les lois de la physique, mais pas le lien entre nos émotions, notre pensée et notre corps.

Nous en apprenons tellement plus sur les guerres !

Nous agissons comme si nous pouvions *bien* vivre sans répondre à nos besoins psychiques. Pourtant, le psychisme a ses propres règles de fonctionnement pour le maintien d'une santé optimale. Par exemple, il a des besoins (besoin de comprendre, besoin de cohérence, besoin de s'aimer soi-même, besoin d'être en relation avec d'autres êtres vivants, etc.), est constitué d'éléments (les pensées, les émotions, etc.) et a sa propre façon de fonctionner (il se souvient, généralise des apprentissages, refoule des expériences, etc.). Répondre à nos besoins psychiques n'est pas du nombrilisme ou de l'enfantillage, pas plus que de se nourrir trois fois par jour. Faire quotidiennement des gestes pour préserver la santé de notre psychisme, cela devrait aller de soi ! Si nous insistions autant sur les soins à donner à notre psyché que sur les soins à donner à nos dents, les sociétés seraient plus belles et les gens plus épanouis. Tendre vers une satisfaction et un épanouissement psychique n'est pas du caprice ni de l'égoïsme, mais simplement un *acte de survie qui nourrit la motivation et l'envie nécessaires pour continuer sa vie*. De plus, une personne épanouie est souvent plus profitable à son entourage que l'inverse. Elle est comme un bel arbre porteur de fruits auxquels les autres peuvent venir se nourrir.

Je pense que, si la Nature avait fait en sorte que les animaux souffrent pour chaque inspiration qu'ils prennent, pour chaque aliment qu'ils ingurgitent et pour chacune de leurs tentatives de se reproduire, nous serions tous morts. Le bien-être est un indicateur du bon chemin à suivre.

Nous avons déjà cru que la Terre était plate et que le soleil tournait autour d'elle.

Nous avons déjà cru que la femme n'avait pas d'âme et que les enfants étaient des animaux vicieux à dompter.

Nous avons déjà cru que les épileptiques étaient possédés du démon.

Actuellement, nous croyons que la maladie mentale est une maladie honteuse.

7

Les traitements

Un syndrome dépressif qui n'est pas traité peut se résorber spontanément après quelques mois... ou plus d'une dizaine d'années! Par ailleurs, il semblerait qu'une dépression non soignée risque davantage de récidiver, voire de devenir chronique. Il ne faut donc pas hésiter à mettre les chances de votre côté afin d'éviter toute aggravation de votre état; pour ce faire, il est préférable de recourir aux traitements disponibles. Deux traitements font parler d'eux plus que d'autres : la médication et la psychothérapie.

Dans ce livre, vous ne trouverez pas trace de statistiques concernant les traitements ou leur taux de succès. La première raison pour laquelle j'évite de fournir ce genre de données est que ces taux varient ou sont interprétés différemment selon les études et la façon dont elles sont faites; la deuxième raison est que, même si je disais, par exemple, que six personnes sur dix répondent bien au traitement médicamenteux, rien ne vous assurerait que VOUS feriez partie des six qui guérissent plutôt que des quatre pour qui le traitement est inefficace! Vous ne le sauriez qu'en l'essayant, ce que je vous encourage justement à faire au plus tôt. Ce qu'il est important de retenir, c'est qu'il faut recouvrer la santé et que la médication et la psychothérapie méritent d'être considérées comme des outils présentant une efficacité digne de mention dans le traitement de la dépression. Vous ne devez rejeter ni l'une ni l'autre d'emblée, et vous devez donner une chance sérieuse à ces traitements avant de conclure éventuellement de leur efficacité ou de leur non-efficacité pour vous. Plusieurs semaines (six à douze) de mise à l'essai sont indiquées dans les deux cas avant de pouvoir juger de leur action.

Ces traitements reconnus comme contribuant à la guérison d'une dépression vous amèneront à rencontrer des gens de professions différentes.

Par exemple, votre **médecin généraliste** est souvent le premier intervenant que vous rencontrerez. Formé pour dépister et traiter les maladies chez les personnes de tous âges, il travaille toujours en collaboration avec des spécialistes (obstétricien, chirurgien, infectiologue, etc.).

Le **psychiatre** est un médecin qui a fait des études supplémentaires portant sur le traitement et la prévention des troubles psychologiques et psychiatriques. Il fait partie des spécialistes avec qui votre médecin généraliste travaille. La forme de traitement que le médecin et le psychiatre offrent le plus souvent est la médication (au Québec, du moins) et il est plutôt rare qu'un médecin ou un psychiatre entreprenne une psychothérapie suivie avec un patient. Les médicaments agissent sur l'équilibre chimique du cerveau et visent à rétablir les humeurs (disparition de la sensation d'avoir des papillons dans l'estomac ou une boule dans la gorge ou la poitrine, atténuation de la tristesse, etc.). Les antidépresseurs peuvent dans certains cas redonner de l'énergie ou, au contraire, aider à se reposer. De plus, les fonctions du sommeil, de l'appétit et de la concentration peuvent être régularisées. Quand on dort mieux, qu'on mange mieux et qu'on récupère de l'énergie, tout le reste devient graduellement plus facile.

Votre médecin vous suggérera peut-être ou vous déciderez vous-même de rencontrer un **psychologue.** Celui-ci a une formation universitaire qui lui permet de conduire une psychothérapie et il ne prescrit pas de médicaments.

La psychothérapie aidera grandement à combattre les effets de la dépression. Le psychologue aide l'individu à faire des incursions en lui-même et à observer des choses qu'il n'observerait pas autrement ou à découvrir des angles de perception insoupçonnés par rapport à certaines situations de sa vie. Pendant les mois de son rétablissement, l'individu découvre des mécanismes de son fonctionnement psychique qu'il ignorait jusque-là et il acquiert des compréhensions particulières et nouvelles qui lui permettent de faire des choix plus éclairés et de poser des actions plus saines pour lui. Ce travail psychothérapeutique favorise une meilleure résistance future et un moins grand risque de récidive en réduisant les facteurs de vulnérabilité. Par exemple, une personne trop dévouée peut apprendre à garder pour elle une partie de son énergie et courir un moins grand risque de se retrouver épuisée; une autre personne développera une meilleure estime d'elle-même et sera plus en mesure de refuser de subir des sévices (émotifs ou physiques) qui finiraient par la conduire de nouveau à un état dépressif, etc. D'autres apprendront des techniques qui leur permettront de neutraliser, de désamorcer ou de modifier certains états internes négatifs.

Il y a longtemps eu une attitude de compétition et de chasse gardée entre les médecins et les psychologues: certains médecins ne croyaient pas à l'utilité d'une psychothérapie et accusaient les psychologues d'être des «pelleteux de nuages», alors que certains psychologues étaient franchement antimédication et accusaient les médecins de n'être que des «donneux de pilules». J'ose espérer que cette dévalorisation mutuelle des services fournis par l'un et par l'autre se fait de plus en plus rare, surtout auprès des jeunes diplômés qui comprennent sans doute mieux l'avantage et la plus grande efficacité d'avoir une approche globale de la personne et des traitements à lui offrir.

Cela dit, malgré le fait que la médication et la psychothérapie soient relativement accessibles et efficaces, plusieurs personnes tardent à les utiliser.

Quand on est frappé par la dépression, bien souvent on n'envisage même pas la possibilité qu'on ait une *maladie* et on ne la reconnaît pas comme telle. Il est tout à fait normal que plusieurs des symptômes de la maladie se présentent séparément et occasionnellement dans la vie de tout individu: il y a des moments où on est plus fatigué, des moments où on a moins faim, où on dort moins bien, où on est plus irritable. On confond souvent la dépression avec ces aléas de la vie courante, surtout si les événements récents ou courants sont difficiles. On essaie de garder son courage *le temps que ça passe.*

D'autres fois, on croit qu'il s'agit de traits de notre caractère ; par conséquent, on se dit qu'il n'y a que notre propre volonté pour agir là-dessus. On ne voit pas ce qu'un thérapeute pourrait y faire et on n'a surtout pas envie de se faire mettre nos « défauts » sous le nez. Alors, tant qu'on arrive à remplir nos devoirs de base, on a l'impression que seuls nos efforts et notre volonté constituent une solution réelle au problème. On en conclut qu'il faut *vivre avec* l'état de souffrance. Cela marche effectivement pendant un bout de temps au cours duquel on n'essaie pas de résoudre le problème autrement. Vraisemblablement, la situation finit par se détériorer et, finalement, on s'enferme en soi-même, dans un effort souffrant pour maintenir nos activités, malgré l'absence de plaisir ou d'intérêt caractéristique. On a l'impression d'avoir changé, de ne « plus être comme avant », notre état d'esprit devient pessimiste ou négatif. Au bout du compte, on perd toute envie d'activités ou de rencontres. Il ne faut pas trop attendre ; dès que le quotidien se trouve ainsi alourdi, il faut consulter. Le professionnel de la santé vous aidera à juger de votre état et des mesures à prendre.

L'ARRÊT DE TRAVAIL

L'arrêt de travail fait partie des modalités mises en place pour le traitement de la dépression. D'une personne atteinte à l'autre, les réactions varient lorsque le médecin prescrit l'arrêt des activités professionnelles.

Certains éprouvent de la honte et redoutent spontanément ce que vont penser leurs collègues, alors que d'autres se sentent insultés par le médecin et réagissent avec colère. D'autres encore sont incrédules et croient que le médecin se trompe, alors que certains se sentent encore plus découragés (surtout s'ils ont des préjugés sur le diagnostic). D'autres se sentent soulagés parce qu'ils sont tellement fatigués qu'ils étaient prêts à démissionner de leur emploi et se disent qu'ils n'auront finalement pas à le faire. Il y en a aussi qui se sentent rassurés par rapport à leur capacité de jugement : ils sentaient bien que quelque chose ne tournait pas rond et sont heureux d'apprendre qu'ils ne sont pas fous, qu'ils ont bel et bien une maladie!

Quant à l'arrêt de travail, on l'imagine souvent plus court qu'il ne s'avère en réalité. J'ai vu des gens cesser leurs activités le mardi, par exemple, en prévoyant reprendre leur travail le lundi. Vous ne pouvez pas mesurer facilement l'ampleur de votre état, car, étant donné que les symptômes s'installent souvent très graduellement, vous avez probablement eu le temps de vous y habituer. Dans les jours suivant l'arrêt, vous ressentirez peut-être une aggravation de votre état, comme si vos nerfs vous lâchaient et que la fatigue s'exprimait. Cette réaction me fait penser à ce qu'on ressent parfois quand, après avoir accompli une très grosse tâche de longue haleine, mort de fatigue, on s'affale en se disant: «Je n'aurais pas pu tenir plus longtemps!» Du fait de s'arrêter, on ressent tout d'un coup l'ampleur de notre besoin de repos. Certaines personnes dépressives craignent même que leur fatigue ne devienne un gouffre si elles cèdent à leur besoin de récupérer. Par conséquent, elles luttent désespérément pour tenter de continuer à fournir un effort et préserver à tout prix des habitudes de travail (en profiter pour faire le ménage dans de vieux papiers, repeindre une pièce qui attend depuis longtemps, etc.). Acceptez d'être inactif ou ralenti. On vient de vous prescrire du repos, c'est pour qu'il en soit ainsi. Même si aujourd'hui vous craignez de ne jamais vous relever, commencez par récupérer et le reste viendra en son temps.

LA MÉDICATION

Comme on l'a vu, le médecin prescrit une médication pour régulariser le fonctionnement chimique du cerveau, comme il prescrit un traitement hormonal pour soigner la glande thyroïde. Le traitement doit être pris pendant plusieurs semaines (habituellement au moins six mois). Ainsi, *il n'est pas indiqué* d'arrêter dès qu'on se sent mieux. C'est un peu comme dans le cas des antibiotiques. Souvent, les symptômes pour lesquels on prend des antibiotiques disparaissent avant la fin du traitement, mais il faut prendre le médicament au complet, sous peine de n'avoir qu'une guérison inachevée et de voir réapparaître les symptômes. Il en va de même pour les antidépresseurs.

Si vous prenez des produits naturels, parlez-en à votre médecin. Même si ces produits sont en vente libre, comme s'ils étaient inoffensifs et n'avaient pas vraiment d'effet, ils ont cependant une action réelle. Certains d'entre eux peuvent s'avérer incompatibles avec votre médication. Par exemple, certains produits naturels favorisant une meilleure élimination pourraient faire en sorte que votre système conserve une moins grande proportion des substances contenues dans vos antidépresseurs, ce qui aurait pour effet d'en réduire l'efficacité. Dans une brochure publiée par le Collège des médecins du Québec et l'Ordre des pharmaciens du Québec (*Les produits de santé naturels, danger, attention ; parlez-en avec votre médecin ou votre pharmacien*), il est indiqué que le millepertuis peut modifier l'effet des médicaments antidépresseurs et peut aussi provoquer de l'insomnie. Il serait donc prudent d'indiquer à votre médecin ou à votre pharmacien tous les produits naturels que vous consommez.

Le délai d'efficacité

Le meilleur conseil que je puisse donner est de ne pas attendre d'être au bout du rouleau pour commencer un traitement médicamenteux aux antidépresseurs, car ceux-ci mettront jusqu'à *quelques semaines* avant d'agir efficacement. Il vaut mieux qu'il vous reste encore la capacité de tolérer ce délai tampon. Comme ces médicaments ont un certain délai d'action, cela veut aussi dire que, si vous interrompez le traitement (souvent à cause des effets secondaires incommodants), vous ne lui laissez pas le temps de produire son effet curatif et vous ne pouvez pas vraiment savoir dans quelle mesure il vous est bénéfique.

Les effets secondaires

Les médicaments ont évolué et les effets secondaires indésirables sont moins nombreux qu'avant. Cependant, certains subsistent quand même et il est important de savoir qu'ils sont présents surtout *au début* de la prise de médication. Le plus souvent, les effets secondaires disparaissent ou s'atténuent grandement au bout de deux ou trois semaines.

De toute façon, il faut rester en communication avec le médecin et lui parler des effets secondaires que vous ressentez. Votre médecin dispose d'une panoplie d'antidépresseurs aux caractéristiques différentes et il pourra choisir celui qui vous convient le mieux, s'il sait comment vous vous sentez. Plutôt que de cesser radicalement par vous-même de prendre votre médicament si ses effets secondaires vous incommodent, il vaudrait mieux vous en faire prescrire un autre sans qu'il y ait interruption entre les deux sortes. Ainsi, vous profiterez du soulagement escompté dans un délai plus court.

Vous pouvez combattre certains effets secondaires en changeant le moment de la journée où vous prenez vos médicaments. Par exemple, si vous avez l'impression d'être assommé et somnolent, vous pourriez prendre votre médicament en fin de journée plutôt que le matin. Ainsi, l'effet de somnolence passera inaperçu pendant votre nuit de sommeil. Si le médicament vous donne des nausées, vous pourriez le prendre à la fin d'un repas, lui donnant ainsi un «fond solide» pour le recevoir. Votre médecin pourra vous conseiller adéquatement sur le sujet, selon le type de médicament que vous prenez.

L'ajustement de la médication

Il est possible que vous ayez à essayer plus d'une sorte de médicament avant de trouver celui qui vous convient et que cela prenne un certain temps avant que votre médecin en ait trouvé le dosage efficace pour vous. Pour ce faire, il aura parfois besoin de vérifier le taux de médicament dans votre sang. Le type de médicament et le dosage idéal variant d'une personne à l'autre, ils ne seront évidemment pas les mêmes pour vous que pour votre beau-frère ou votre tante. Sachez aussi qu'il n'y a pas de lien entre le dosage et la gravité de votre état. Chaque métabolisme est différent, et il peut arriver qu'une personne corpulente soit sensible à un faible dosage, alors qu'une autre personne, plus petite, ne réagisse efficacement qu'à un dosage plus important. Ce n'est pas parce que votre dose est plus forte que vous êtes plus malade. Il ne faut pas jouer au docteur soi-même ni s'échanger les médicaments.

La combinaison de médicaments

Comme les antidépresseurs n'agissent pas avant un certain délai (plusieurs jours à quelques semaines), *en attendant que leur effet se fasse sentir*, votre médecin vous proposera peut-être des médicaments pour soulager votre anxiété ou vous aider à dormir. Encore une fois, et surtout quand il y a mélange, il faut recourir au médecin et suivre scrupuleusement ses indications quant à la prise des médicaments.

Les réactions courantes face à la médication

Une fois que nous nous trouvons dans l'obligation de prendre des médicaments, nous réagissons tous chacun à notre manière. Voici quelques-unes des réactions les plus fréquentes qui se manifestent dans cette situation :

- **Ce n'est pas naturel !** Prendre des antidépresseurs n'est ni plus ni moins naturel que prendre des antibiotiques, porter un dentier ou des lunettes, avoir un pacemaker ou consommer des aliments bourrés d'agents de conservation ! Réfléchissez à tout ce que vous faites et qui n'est pas naturel !
- **Je ne veux pas être drogué ou zombie !** Il se peut effectivement que pendant les premiers jours vous ressentiez un excès de somnolence ou, au contraire, une certaine agitation. N'oubliez pas toutefois qu'à long terme les antidépresseurs ont pour but de régulariser votre humeur et non pas de vous conduire à des excès. Ces symptômes peuvent faire partie des effets secondaires plus présents au début de la prise de médication, mais ils ne devraient pas se faire sentir de façon permanente. Il faut en parler au médecin, qui évaluera la situation et verra si un changement de médication est indiqué.

De plus, chez les nombreux clients que je rencontre et qui prennent une médication, je constate que, en règle générale, la médication ne les « gèle » pas et n'empêche pas le travail psychothérapeutique de se faire. Ainsi, ces personnes sont capables de ressentir (sans excès) et de réfléchir. Dans plusieurs cas, la médication rend même leur psychothérapie plus profitable, car elle leur permet de mieux se concentrer sur ce qui est dit, en ayant moins d'interférences émotives, et de mieux s'en souvenir après la rencontre. Autrement dit, n'étant plus submergées par des sentiments dévastateurs, elles jouissent d'une plus grande disponibilité mentale pour prendre du recul par rapport à elles-mêmes et comprendre leur fonctionnement psychique ou la situation qu'elles traversent.

- **Je ne suis pas moi-même avec les médicaments !** Une cliente anxieuse et dépressive qui était en rechute m'a avoué qu'elle avait déjà « essayé » la médication, mais qu'elle avait cessé parce qu'elle « n'était pas elle-même avec ça ». Elle m'expliqua qu'après avoir pris la médication pendant une certaine période elle était devenue « frivole ». Comme je n'avais jamais vu personne devenir frivole sous médication, je lui ai demandé de m'exprimer avec d'autres mots ce qu'elle voulait dire. Elle m'a expliqué qu'elle s'était sentie plus légère, car elle avait commencé à se faire moins de soucis avec tout et rien. Elle avait commencé à être d'une humeur joviale, état qu'elle n'avait jamais connu auparavant. En parlant ensemble, nous avons réalisé qu'elle avait cessé la médication parce que les gens de son entourage lui disaient qu'elle n'était « plus comme avant », qu'ils ne la reconnaissaient plus, que sa bonne humeur était anormale et provoquée artificiellement ! Ma cliente a compris qu'elle s'était personnellement sentie très bien et détendue avec la médication, mais qu'elle avait fini par se sentir fautive ou désapprouvée ! Elle a réalisé que c'était probablement sous l'effet de la médication que sa personnalité s'exprimait à son naturel, tout comme le diabétique dans le coma qui recommence à se comporter normalement dès qu'il revient à lui à l'aide de l'insuline.

- **Y aura-t-il un sevrage ?** Oui. Bien que les antidépresseurs ne semblent provoquer aucune dépendance même pris à long terme, il n'en demeure pas moins vrai que l'on doit arrêter le traitement de manière progressive et sous la supervision d'un médecin. Quand on a une entreprise familiale, par exemple, on ne la transfère pas d'une génération à l'autre d'un seul coup. De la même façon, le cerveau doit prendre la relève progressivement et assumer de plus en plus de tâches à un rythme adapté à la consolidation de sa guérison.

- **Je ne veux pas être obligé de prendre ça toute ma vie !** Eh bien, la situation n'a pas grand-chose à voir avec ce que vous voulez ou ne voulez pas. Et ce ne sera pas parce que vous aurez commencé à prendre des antidépresseurs que vous aurez éventuellement besoin d'en prendre toute votre vie. Pas plus que c'est le plâtre qu'on a porté qui fait qu'on a besoin d'une tige de métal dans la cuisse. Si l'on doit prendre une médication toute sa vie, c'est parce que notre cerveau est dans l'impossibilité permanente de produire tout ce qu'il nous faut, tout comme le pancréas d'un diabétique ne produit pas suffisamment d'insuline pour ses besoins. C'est la présence des récidives à votre tableau clinique et d'autres critères connus par votre médecin qui détermineront votre besoin personnalisé de médication et la durée souhaitable du traitement.

Bref, il en est de la médication antidépressive comme de tout autre traitement : son efficacité ne se fera sentir que si l'on respecte scrupuleusement les modalités du traitement. Imaginons seulement ce qui se passerait si nous enlevions prématurément le plâtre de notre jambe parce que ça picote en dessous et que nous tentions aussitôt de nous mettre à courir pour sauter des obstacles !

La psychothérapie

La psychothérapie peut grandement contribuer à la résolution d'une traversée dépressive. Elle aide à combattre les effets aigus de la crise dépressive en début de traitement (dévalorisation excessive, esprit suicidaire, tristesse, sensation d'avenir bouché) et, par la suite, elle travaille à diminuer le risque de rechutes en réduisant les facteurs de vulnérabilité psychique. Cependant, encore trop de gens hésitent avant de demander une consultation psychologique, en partie peut-être, comme on l'a vu précédemment, à cause d'une ancienne croyance populaire qui associait la psychothérapie à la folie, mais aussi à cause de certaines croyances invalidantes pour les individus.

Une vie psychique pas trop populaire

Nous baignons dans une culture qui, de bien des façons, nous a fait élaborer un regard péjoratif et plein de préjugés sur notre vie intérieure. Notre psyché (émotions, pensées) n'a pas été traitée comme quelque chose de particulièrement valable et digne d'égards. Tellement que je considère même que nous avons été induits en erreur quant aux règles à suivre pour notre santé psychique.

Pour commencer par la religion catholique (avec laquelle je n'ai pas de comptes personnels à régler, car mon éducation ne m'en a jamais fait subir les dogmes), je constate trop souvent dans mon bureau de consultation que la façon dont elle a été comprise a exacerbé des sentiments d'insuffisance, d'indignité, de culpabilité et de honte chez beaucoup trop de ses adeptes. Plusieurs ont craint toute leur vie qu'à l'intérieur d'eux ne siègent des pulsions aussi inavouables que détestables et qu'ils soient irrémédiablement et désagréablement mauvais et inférieurs.

Par ailleurs, le discours religieux catholique semble s'être présenté, plus souvent qu'à son tour, comme une invitation à la souffrance (les croyants allant parfois jusqu'à s'imposer des sévices à eux-mêmes) et a indiqué la voie *du sacrifice et de la douleur* comme étant la voie à suivre, ce qui m'apparaît contraire aux lois du vivant.

Outre les agressions de la religion catholique (dévalorisation, culpabilité et recherche de la souffrance, par exemple), les principes éducatifs d'une certaine époque pas si lointaine répandaient l'idée qu'un enfant était la réplique d'un adulte en plus petit, qu'il agissait de façon immorale à cause de sa prédilection pour le vice et que, par conséquent, il fallait le dompter.

Maintenant, nous savons que l'enfant est fondamentalement différent de l'adulte dans sa compréhension du monde et qu'il n'a pas la capacité intellectuelle de concevoir des principes moraux comme tels. Il faut donc l'éduquer, lui expliquer les choses et avoir la patience d'attendre qu'il se développe suffisamment pour tout saisir ce qu'on tente de lui rendre intelligible, plutôt que de le battre avec autorité dans l'espoir de le dompter comme un animal dont on doit « casser le méchant ».

Dans un autre registre encore, les émotions, sentiments et pulsions sont souvent présentés comme des opposés de la raison, comme si toute la folie se situait dans les émotions, et toute la sagesse dans la raison. En réalité, les émotions contiennent des renseignements précieux qui font partie de la sagesse d'un individu et peuvent être de puissants guides, tandis qu'un raisonnement froid, abordant les choses sous un angle purement logique, peut être aussi inadapté à la réalité qu'une réaction émotive démesurée.

Ainsi, je crois que non seulement nous n'avons pas appris beaucoup à l'école sur notre psyché, mais qu'en plus certains éléments de notre culture nous ont fourni bien des raisons de vouloir nous éloigner de cet « intérieur » ayant si mauvaise réputation.

Le recours à un psychologue

Si on ne vous avait pas enseigné quelques notions d'anatomie à l'école et si vous n'aviez jamais vu le dessin de l'intérieur d'un humain avec ses organes, ce n'est pas en faisant l'expérience quotidienne de votre propre corps que vous auriez compris ce qu'est le pancréas ni où il est situé. Pourtant, vous faites l'expérience de votre corps tous les jours. Il en va de même de votre psyché : même si vous en faites l'expérience naturelle tous les jours, il semble que ce n'est pas de cette façon que vous en identifierez les « organes » ni le fonctionnement.

De la même façon qu'il nous faut parfois avoir recours à la science d'un médecin pour recouvrer la santé physique, alors qu'il s'agit de notre corps et que nous l'avons *sous les yeux tous les jours*, nous devons parfois avoir recours au psychologue parce que nous *ne savons pas toujours ce qui se passe* dans notre psyché, même si c'est la nôtre et que nous vivons avec elle tous les jours (d'autant plus qu'on ne peut la voir).

Non seulement nous avons un corps à faire vivre et à maintenir en santé en répondant à ses besoins, mais nous avons aussi une psyché à maintenir en santé. C'est une attitude responsable que de s'en occuper. En répondant à nos besoins psychiques, nous pouvons anticiper notre avenir positivement et nous nous gratifions ainsi d'une certaine dose de joie de vivre. Cela nous donne envie de continuer. Voilà le visage de la survie psychique.

Heureusement, l'instauration des programmes d'aide aux employés ainsi que la couverture des honoraires professionnels par la plupart des compagnies d'assurances ont contribué à rendre la psychothérapie accessible à un plus grand nombre de personnes. Les gens apprennent à démystifier la psychothérapie, à comprendre ce qu'elle peut offrir réellement. On reconnaît de plus en plus qu'on ne doit pas hésiter à recourir à un psychologue quand il y a une situation psychique à résoudre.

Les premières réactions devant la psychothérapie

Souvent des clients m'ont fait part des réticences qu'ils avaient auparavant quant à l'éventualité d'entreprendre une psychothérapie avec un psychologue. Voici une liste des réactions les plus fréquentes:

- **Dans le fond, j'avais peur de découvrir que j'étais pas OK!** Quand on pense à l'éducation que l'on a reçue, laquelle cultivait littéralement le spectre d'un moi indigne, on ne s'étonne pas d'avoir la crainte bien enracinée de découvrir qu'on est un «méchant» ou une *erreur de fabrication*. Cependant, ce qu'on découvre la plupart du temps en psychothérapie, c'est une blessure qu'on a subie, une vulnérabilité qu'on a refoulée, une situation qu'on n'avait pas encore analysée parce qu'elle était inconsciente ou qu'on n'avait pas encore intégrée parce qu'un processus émotif était resté bloqué. La psychothérapie aide à mieux comprendre comment chacun s'est formé autour des situations de vie qui se sont présentées sur son chemin.

- **Je ne suis pas fou!** Bien sûr et c'est tant mieux! En fait les psychologues en cabinet privé travaillent surtout avec des gens capables de réfléchir.

- **J'avais peur que ça fasse éclater mon couple!** Si votre couple éclate, ce sera parce que vous ou votre partenaire le choisirez et non pas parce que la psychothérapie le provoque en soi. Par exemple, quand on va chez le dentiste et que notre dent cariée se brise après avoir subi une pression du dentiste pour être délogée, ce n'est pas le dentiste qui fait que la dent éclate, mais bien la carie.

  Si la survie de votre couple vous semble en danger, peut-être devriez-vous envisager la possibilité de consulter un psychologue spécialisé dans la thérapie de couple. Ainsi, les deux partenaires seront mis à contribution dans le processus de solution et chacun des conjoints sera plus en mesure de comprendre le cheminement par lequel l'autre doit passer.

- **Ça ne sert à rien de remuer le passé: il est terminé et on ne peut pas le refaire!** Les *événements* du passé sont terminés, mais pas l'*effet* qu'ils ont eu sur vous. Vous êtes aujourd'hui même la somme très exacte de toutes vos expériences. On ne peut pas refaire le passé, mais on peut agir sur l'empreinte que les événements ont laissée.

- **C'est à moi de passer à travers, il faut que je me raisonne.** On a vu que la compréhension de nos besoins est encore limitée et que «se raisonner» ne répond vraiment pas à toutes les situations. De plus, ne croyez pas que vous êtes capable, à vous seul, de vous donner toute l'aide qu'une autre personne pourrait vous apporter, surtout s'il s'agit d'un professionnel de la santé.

- **J'ai de bons amis à qui je me confie…** Même si vos amis sont de très bons aidants naturels, avec sa formation axée sur le comportement humain et des connaissances qui lui permettent de *comprendre autrement* ce que vous lui confiez, le ou la psychologue fera des interventions très différentes de celles que feraient vos amis.

- **Qu'est-ce qu'un autre peut me dire sur moi-même que je ne sais pas déjà?** Un jour, un psychologue m'a décrit la relation thérapeutique de la façon suivante: le client est debout tout près du mur où est peinte l'immense fresque de sa vie. En fait, il a le visage tout près du mur et a le nez collé sur ce qui représente le moment présent dans la fresque. Il ne voit pas l'ensemble du tableau ni le lien entre les différents coups de pinceau. Le psychologue, lui, se tient à l'autre bout de la pièce, le dos appuyé au mur opposé. Il voit l'image entière représentée par la fresque, alors qu'il est trop loin pour percevoir les menus détails. C'est en échangeant tous les deux ensemble que l'équipe formée par le psychologue et son client peut embrasser l'image la plus révélatrice qui soit.

- **Je ne me voyais pas raconter mes affaires à un étranger.** Parfois le contact initial avec un psychologue s'avère plus facile que vous le pensiez et vous confier à lui peut vous venir plus aisément que vous l'aviez prévu. Si, au contraire, vous ressentez un malaise qui persiste pendant plusieurs rencontres, songez à essayer la psychothérapie avec un autre psychologue. Quand ça ne clique pas, ça ne clique pas, et cela a toute son importance. À moins qu'il soit dans votre caractère de vous sentir mal à l'aise avec tout le monde. Dans ce cas, essayez peut-être de persévérer avec la même personne et parlez-lui-en. Le lien de confiance que vous réussirez à établir ensemble est un ingrédient essentiel pour le travail thérapeutique qui s'amorce.

    De plus, quand vous aurez établi un bon contact avec un psychologue de votre choix, vous finirez par apprécier justement le fait qu'il soit étranger à votre vie. Jamais, durant le week-end, devant vos amis ou alors que vous vous amusez, il ne vous rappellera une confidence que vous lui avez faite pendant la semaine, car il n'est pas là. Il est hors de votre vie privée, et ce que vous lui avez confié ne viendra pas rebondir devant vous à tout moment. De plus, vous avez l'assurance qu'il ne répandra aucune information sur votre compte auprès de votre mère, de votre partenaire de vie, de vos enfants, de votre patron ou de vos amis, car il est tenu au secret professionnel le plus strict. En fait, plusieurs personnes disent qu'une psychothérapie, c'est le plus beau cadeau qu'elles se soient offert!

J'espère que ces différentes réflexions vous aideront à démystifier l'aide que vous devriez demander si vous souffrez de dépression et que vous comprenez mieux la pertinence des différentes formes de traitements qui vous sont recommandées.

8

L'entourage

On l'a vu, la maladie mentale apparaît surtout sur le plan comportemental, ce qui veut dire que l'entourage est forcément pris à partie et ne peut rester indifférent devant le malade : on ne sait plus qui il est et ses comportements sont devenus imprévisibles par rapport à sa logique habituelle. *Il n'est plus comme avant.*

Vos proches voient votre comportement se modifier à un moment où vous êtes moins communicatif ou moins expressif qu'à l'accoutumée. Cela ne les aide pas à vous comprendre. En êtres intelligents qu'ils sont, ils tenteront de donner un sens à vos actes et plus particulièrement à vos actes envers eux. Ils se demanderont si vous êtes malheureux en leur présence et si vous essayez de leur dire quelque chose par votre attitude.

Ils chercheront la cause de votre état et s'en croiront en partie responsables tout en s'interrogeant sur ce qu'ils ont fait « de travers ». La diminution probable de votre désir sexuel peut désarçonner un partenaire qui pensera que vous ne l'aimez plus. On vous demandera peut-être des preuves d'amour !

Les gens de votre environnement proche (partenaire, enfants, etc.) tenteront fort probablement de vous encourager et de vous démontrer beaucoup d'amour. Mais cela ne guérit pas la dépression et, devant cet échec, il se peut qu'ils réagissent avec colère, qu'ils deviennent distants ou se fassent beaucoup de souci. Ils peuvent se sentir trahis et abandonnés parce que vous changez. Mais c'est faux : vous êtes simplement malade et cela passera si vous vous soignez adéquatement.

Si vous aviez une jambe et un bras cassés, cela irait de soi pour tout le monde qu'on s'occupe de préparer vos repas, de laver vos vêtements, etc. On ne vous demanderait certainement pas de profiter de votre arrêt de travail et de votre présence à la maison pour repeindre la clôture, tondre le gazon ou entretenir la maison.

Mais quand on traverse une dépression, rien n'est franchement visible. Par conséquent, la limite entre ce que l'on peut faire et ce que l'on ne peut pas faire n'est pas apparente. Dès lors, comment vos proches peuvent-ils comprendre que préparer vos repas, vous habiller et même vous laver vous soient devenus si pénibles et épuisants?

Et même si vos proches ont compris que vous souffrez d'une maladie, ils ne voient pas la blessure, ne savent pas où elle se cache, quelle est son ampleur ni à quoi elle ressemble vraiment… et ils ne savent pas comment vous aider. Ils continueront donc d'attendre de vous un certain rendement, tenteront peut-être de vous entraîner de force dans des activités, vous diront de vous secouer. Ils recourront peut-être à plusieurs tactiques différentes pour vous aider à réagir, mais aucune ne donnera de résultats. Même tout l'amour et toute la douceur du monde ne semblent pas vous soigner. On comprend que l'entourage puisse se sentir découragé et désemparé.

Une chose est sûre : vos proches devront s'armer de patience et de courage et accepter d'avoir un surplus de tâches ménagères. Quant à votre partenaire, il ou elle devra accepter de se sentir « seul » dans son couple pendant un certain temps. Ceux qui vous aiment et voudraient vous aider n'ont pas nécessairement beaucoup de connaissances sur le phénomène dépressif et le présent chapitre pourrait leur être d'une grande utilité. Voici quelques suggestions concernant les meilleures attitudes à adopter avec une personne qui fait l'expérience de la dépression.

Comment vivre avec un dépressif

Tout d'abord, invitez la personne malade à aller consulter un médecin et un psychologue.

Ne la disputez pas et ne l'exhortez surtout pas à se fouetter, à faire un effort, à se raisonner, à prendre sur elle, etc. Ne tentez pas de la piquer en vous comparant à elle : « Je vis les mêmes difficultés financières que toi et j'ai les enfants, moi aussi, mais je reste positif ! » Ne l'inondez pas de conseils sur ce qu'elle devrait ou ne devrait pas faire ou penser (hormis les conseils d'entreprendre un traitement suivi par un professionnel). Vous vous rendriez vite compte que non seulement cette attitude n'amène aucune guérison, mais qu'elle a toutes les chances de creuser un fossé entre vous et la personne malade, en plus d'aggraver ses sentiments de dévalorisation personnelle. Ce serait comme dire à quelqu'un dont l'estomac est en train d'être perforé par des ulcères : « Cesse donc de te concentrer sur tes sensations de brûlure ! Si tu te changeais les idées, tu irais beaucoup mieux ! »

Proposez-lui régulièrement des activités agréables et à sa mesure. Prévoyez de multiples refus et ne vous laissez pas décourager. N'abandonnez pas la personne malade à elle-même totalement et continuez de faire des propositions, régulièrement mais sans insister. Les activités qu'elle sera disposée à accepter ne seront peut-être pas les mêmes que celles qui lui procuraient du plaisir avant. **Choisissez des sorties courtes, tranquilles et non mondaines, en tête-à-tête et exigeant peu d'interactions sociales. Proposez-lui des balades à pied, des sorties au cinéma ou dans un petit café tranquille où elle ne risque pas de croiser quelqu'un qu'elle connaît.**

Si vous vivez avec la personne, attendez-vous à devoir restreindre les activités sociales dans la maison. La personne atteinte de dépression est repliée et son territoire de vie n'est pas grand, tâchez de respecter cela. Ne remplissez pas la maison de visiteurs. Déplacez-vous plutôt, pour satisfaire vos besoins d'interactions sociales.

Au fur et à mesure de son rétablissement, lorsque vous planifierez une sortie ou une activité avec l'individu malade, il sera peut-être plus tenté d'accepter si vous prévoyez ensemble une façon pour lui de se retirer et de revenir à la maison en toute autonomie s'il en éprouve le besoin.

Résistez à l'ambiance déprimante qui peut s'installer. Autant vous devez respecter le rythme de celui qui est malade et l'aider à protéger son petit territoire de vie, autant vous devez répondre à vos propres besoins en matière de socialisation et de divertissement. Vous devez continuer à avoir des activités récréatives même si le partenaire choisit de rester à la maison.

Ne restez pas centré sur lui et ne lui faites pas de remarques au moindre changement d'humeur de sa part. Les progrès du dépressif sont généralement plus lents et il ne sert à rien d'examiner ses comportements à la loupe, d'un cinq minutes à l'autre. Évitez de lui faire des commentaires du genre: «Pourquoi ce soupir?» ou «Ce matin, tu semblais aller mieux et, cet après-midi, tu pleures… Que s'est-il passé?» Laissez-lui de l'espace, sans vous éloigner ou devenir indifférent, ce qui n'est pas la même chose. Par exemple, vous pouvez faire une moyenne générale et lui dire: «Depuis les trois dernières semaines, tu m'as semblé plus de telle ou telle façon, me suis-je trompé?» Il faut observer son comportement à plus long terme.

Attirez son esprit sur l'aspect positif des choses pour faire contrepoids à sa tendance pessimiste actuelle. Je ne vous suggère pas de nier ou de minimiser les difficultés réelles, mais d'envisager le fait que, malgré ces difficultés, les choses seront peut-être plus faciles ou à tout le moins surmontables. Vous pouvez peut-être lui rappeler d'autres fois où les choses se sont passées mieux qu'il ne l'avait espéré. Faites-le de façon réaliste et sans lui reprocher son défaitisme.

Celui qui traverse une dépression a son estime personnelle «dans les talons». Faites-lui des compliments précis sur des comportements observables ou des aspects évidents de sa personnalité, sinon il pourrait douter de votre sincérité. Si vous tentez de lui remonter le moral par des phrases toutes faites du style: «Tu es une personne fantastique», il pourrait penser que vous avez pitié de lui et que vous lui dites n'importe quoi pour l'aider et lui cacher ce que vous pensez vraiment. Par contre, des compliments réalistes et précis tels que: «J'aime la couleur de tes yeux quand tu portes ce vêtement» ou «Ton idée de faire jouer de la musique m'a plu, j'ai passé un bon moment» risquent d'être mieux accueillis. Disséminés ça et là pendant de la journée, ce genre de compliments sincères finiront par faire leur bout de chemin et par faire voir à la personne des aspects d'elle-même qui sont appréciés et valables pour d'autres.

Soyez attentif aux ouvertures et encouragez la confidence quand vous sentez que la personne dépressive cherche à vous communiquer des choses sur elle-même.

Évidemment, réagissez rapidement à tout propos qui exprime une envie ou un projet de se tuer. Alertez le médecin et le psychologue et ne laissez pas la personne dépressive seule ou sans surveillance. Plus le projet semble détaillé et réalisable, plus les moyens envisagés sont facilement accessibles à la personne, plus l'urgence est grande.

Est-ce que certaines personnes peuvent faire du chantage émotif par des menaces suicidaires ? Oui, cela peut arriver. Mais on ne doit pas prendre ces menaces moins au sérieux même si elles procèdent de la manipulation, car on a vu beaucoup de gens *réussir par accident* leur suicide manipulatoire, en prenant des médicaments plus forts que prévu, par exemple, ou en perdant plus de sang que prévu en attendant les secours, etc. Alors, même s'il y a manœuvre de chantage, cela laisse présager un trouble de personnalité et ce trouble représente aussi une souffrance qui doit être traitée très sérieusement.

Les mots d'ordre sont donc «patience et indulgence». Ne brusquez pas la personne malade, ne la disputez pas et aidez-la à voir les choses de façon plus positive tout en restant réaliste.

9

Les aléas de la période de rétablissement

C'est long, vous en avez marre, et je vous comprends. Mais c'est comme ça : il faut s'armer de patience.

UN SIGNE SOUVENT INTELLIGENT ET UTILE

Vous savez peut-être que certaines personnes n'ont pas le sens de l'odorat (anosmie) et ne pourraient pas remarquer l'odeur de brûlé caractéristique en cas d'incendie. D'autres n'ont pas le sens du goût (agueusie) et pourraient manger un sandwich à la viande avariée sans s'en rendre compte. D'autres encore souffrent d'une maladie des nerfs périphériques (névrite héréditaire sensitive et autonomique de type II) qui entraîne une diminution ou une absence de sensations aux bras et aux jambes. Ces gens sont insensibles à la douleur ou aux températures extrêmes. Ils se coupent, se brûlent ou peuvent souffrir d'engelures plus facilement. Ils sont tous en danger, car ils risquent de ne pas se rendre compte de ce qui ne va pas…

Puisque vous souffrez de dépression, on peut dire que votre système à vous fonctionne, qu'il vous avertit quand quelque chose ne va pas et que cela vous donne la chance de recevoir des soins appropriés, car, pour votre bonheur, cette maladie-là se soigne. Il faut maintenant être patient pendant la convalescence et accepter de danser le pas de deux dans lequel la dépression vous entraîne.

UNE PROGRESSION EN DENTS DE SCIE

Votre progression ne sera pas linéaire, dans ce sens qu'elle n'ira pas toujours vers le mieux en droite ligne. L'amélioration de votre état se fera plutôt en dents de scie. Vos *downs* seront de plus en plus courts et vos *ups*, de plus en plus longs, avec des oscillations de l'un à l'autre. La guérison complète d'un épisode dépressif peut être relativement longue (souvent plusieurs mois et, pour certains, plus d'une année ou deux).

Ainsi, certains jours vous vivrez des moments de répit où vous ne souffrirez pas autant et au cours desquels vous aurez le sentiment d'avoir pu prendre une distance avec votre humeur dépressive ou votre fatigue. Vous chercherez probablement à profiter de cette bonne énergie pour effectuer quelques travaux ou vous engager dans une activité sociale. Pendant un moment, vous vous sentirez presque tiré d'affaire. Puis, le lendemain ou les jours suivants, vous vous sentirez vraisemblablement vidé et aurez l'impression d'avoir reculé. Ces états sont normaux, car votre énergie n'est ni stable ni consolidée. L'important, c'est de ne pas vous étudier au microscope, mais de regarder vos progrès sur de longues périodes (sur un mois à la fois, par exemple).

Vous traverserez probablement différents stades : vous voudrez vous isoler, vous voudrez dormir, vous aurez besoin de ne rien faire, vous pourrez être à plat, sans envies, pendant des semaines ou des mois. Si vous acceptez ce passage à vide et que vous obéissez à votre besoin de ralentir le rythme et de vous reposer, vos désirs et vos champs d'intérêt finiront par remonter par à-coups. Cela se traduira parfois par un regain d'intérêt progressif pour d'anciennes activités qui vous faisaient plaisir. Vous serez aussi attiré par des activités nouvelles que vous n'auriez peut-être pas pratiquées ni goûtées dans la frénésie de votre style de vie habituel : par exemple, pendre un café sur une terrasse au soleil, en plein après-midi.

L'important est d'y aller à votre rythme, sans vous décourager, sans chercher à vous dépêcher et sans vous faire de reproches ni céder au défaitisme quand survient un moment plus difficile. En laissant le temps d'agir aux différents traitements que vous avez entrepris, vous remonterez la pente.

RENDEZ-VOUS CHEZ LE PSYCHIATRE

Il est fort probable que vous serez adressé chez le psychiatre à un moment ou un autre du traitement. Le plus souvent, ces rendez-vous interviennent trois ou quatre mois après le début d'un arrêt de travail.

Ne vous affolez pas. Cela ne signifie *aucunement* que votre cas est grave. Ça n'est pas non plus parce que votre médecin ne vous croit pas ou qu'on vous soupçonne de fraude. La référence au psychiatre fait partie de la *routine* dans le fonctionnement habituel des services de santé, *sans plus*.

Comme on l'a vu précédemment, le psychiatre est un médecin spécialisé dans la prévention et le traitement par médication des maladies mentales. J'aime à dire que, grâce à sa formation spécifique, le psychiatre peut faire dans la dentelle en ce qui concerne le traitement par médication. Il y a plusieurs dizaines de médications différentes accessibles et, en vous adressant au psychiatre, le médecin vous dirige simplement vers le spécialiste le plus en mesure de vous prescrire les médicaments qui vous conviendront le mieux. Ce qui, je le répète, n'a rien à voir avec un quelconque degré de gravité de la maladie.

De plus, si vous touchez des prestations d'assurance-salaire, votre assureur exigera probablement aussi, au bout de quelques semaines et par pure routine, que vous soyez évalué par un psychiatre rattaché à sa compagnie. Il s'agit d'un deuxième avis médical, ce qui est tout à fait dans l'ordre des choses. Il se peut qu'au cours de votre rétablissement vous ayez à faire quelques visites ponctuelles aux psychiatres (celui du médecin, celui de l'employeur, celui de l'assureur). Ces visites leur permettront de suivre votre évolution et d'évaluer la pertinence ainsi que le dosage des médicaments que vous prenez. Évidemment, elles donneront parfois lieu à des rajustements de la médication.

Le déroulement d'une entrevue avec un psychiatre

Au cours de vos entrevues avec le psychiatre ou le médecin, soyez vous-même, n'en mettez ni plus ni moins, mais donnez toutes les informations qui pourraient aider ces médecins, spécialisés ou non, à se faire une idée juste de votre état. Par exemple, une dame qui se trouvait distraite par une peinture accrochée au mur derrière le psychiatre lui fit part de la situation, lui demandant la permission de s'asseoir ailleurs dans le bureau, afin de pouvoir se concentrer sur leur entretien. Cette indication était certainement précieuse pour comprendre l'état de la patiente. Nombre de personnes malades voient leur congé de maladie prolongé même si elles n'ont pas pleuré dans le bureau. Plusieurs ne se sentent pas bien, craignent que cela ne *paraisse* pas, se demandent si elles devraient pleurer et angoissent à l'idée que le psychiatre décide de les retourner au travail sans qu'elles soient prêtes. Si vous ne vous sentez vraiment pas prêt pour un retour au travail, vous n'avez pas à vous forcer pour pleurer ou paraître malade dans le bureau du psychiatre. On peut ne pas être prêt à reprendre ses activités même si on n'a pas la mine totalement déconfite, les spécialistes le savent. Confiez-leur vos pensées et votre opinion, et faites confiance à leur jugement.

Si vous avez déjà fait l'expérience d'une psychothérapie avec un psychologue, l'entretien avec un psychiatre pourra vous sembler rigide, froid et expéditif. C'est que le but de l'entrevue est d'établir ou de confirmer un diagnostic afin de déterminer ou d'adapter la médication appropriée. Cela n'est possible pour le psychiatre que s'il pose une panoplie de questions précises et prédéterminées, dans le temps limité dont il dispose, c'est-à-dire le plus souvent en une seule entrevue. Ces entrevues sont parfois vécues difficilement parce que le psychiatre vous posera des questions intimes sur votre vie et votre passé. Ces questions peuvent soulever des souvenirs chargés d'émotions. Attendez-vous éventuellement à vous faire interrompre souvent, car, en essayant de répondre aux questions du psychiatre, vous aurez la tendance toute naturelle à dériver vers d'autres anecdotes qui vous semblent associées à la question ou à donner des détails émotionnels, alors que ces détails peuvent n'avoir que peu ou pas d'importance pour le diagnostic du psychiatre. Celui-ci interrompra alors vos réponses pour vous diriger vers d'autres sujets. Vous aurez peut-être l'impression qu'il n'écoute pas vos réponses au complet et qu'il n'a pas en main tous les détails nécessaires sur votre cas. Cependant, au fil de mes années de pratique, j'ai souvent constaté à quel point les psychiatres sont habiles à déterminer les diagnostics et les médications appropriées, même s'ils ont donné aux clients l'impression de ne pas les écouter entièrement. Je vous recommande toutefois de ne pas déterminer vous-même ce qui n'est pas important pour le psychiatre et de ne pas être avare de détails. Abordez tout ce que vous croyez pertinent (vous pouvez même prendre des notes dans les jours précédant l'entrevue afin de ne rien oublier) et laissez-lui le soin et la décision de vous interrompre ou de vous diriger, sans vous en offusquer.

Évidemment, tout étant toujours une question de personnalité, certains psychiatres vous mettront à l'aise et d'autres pas.

L'arrêt de travail au compte-gouttes

Étant donné que la durée de la dépression est très difficile, voire impossible à prévoir, il est normal que votre processus de guérison fasse l'objet d'un suivi médical. La procédure habituelle est de donner l'arrêt de travail par périodes d'environ deux ou trois semaines à la fois, avec révision au bout de ces délais. Par exemple, il serait surprenant et inacceptable que votre médecin vous signe d'emblée un congé ferme de six mois, sans révision entre-temps. On comprend sans peine que vous pourriez vous rétablir plus rapidement. L'assureur vous verserait alors indûment une compensation de salaire alors que vous pourriez être de retour au travail. D'ailleurs, les compagnies d'assurances demeurent généralement très vigilantes et multiplient parfois les demandes de diagnostic ainsi que les procédures de suivi et de documentation auprès des médecins, et ce, au point où leurs nombreuses requêtes frôlent éventuellement le harcèlement. Nous pouvons donc comprendre d'un point de vue logique la raison pour laquelle votre médecin vous signe votre congé par petites périodes à la fois, mais cela a quand même pour effet secondaire de nuire à votre repos de l'esprit. Il m'arrive fréquemment de voir des gens qui ne se reposent pas du tout pendant les deux premiers mois de leur arrêt de travail, simplement parce qu'ils anticipent constamment un retour au travail alors qu'ils ne se sentent pas prêts pour cela. En fait, leur congé est finalement reconduit pendant plusieurs mois, jusqu'à ce qu'ils soient rétablis! Quand les clients comprennent que c'est de cette façon que cela fonctionne, ils commencent à être en mesure de se détendre et se mettent peu à peu à récupérer.

Et si jamais on vous retournait au travail sans que vous soyez réellement prêt (ce qui serait plutôt surprenant, mais envisageons-le tout de même), eh bien, cela ne serait pas une catastrophe en soi, car, si vous n'êtes pas rétabli, il y aura une aggravation éventuelle de vos symptômes et on devra rétablir le congé. Cet essai «raté» vous aura rendu service puisque votre compagnie d'assurances devra se le tenir pour dit: vous n'êtes pas prêt. De plus, on ne pourra pas vous accuser de complaisance, car vous aurez essayé.

Selon la période où vous en êtes dans votre rétablissement, peut-être que, lorsque vous pensez à votre retour au travail, vous vous sentez mal. Vous n'avez peut-être pas envie d'y retourner, vous ne vous en sentez pas capable, vous avez honte à l'idée de revoir vos collègues ou de devoir répondre à leurs questions éventuelles.

Ne vous laissez pas obséder par ce futur retour au travail; quand vous serez réellement rendu à cette étape, ce sera parce que tout cela vous sera devenu beaucoup plus facile! Premièrement, quand on vous retournera au travail, ce sera parce que vous *serez prêt*; deuxièmement, si vous êtes prêt, c'est que des choses auront *changé en vous* et que votre expérience du travail ne sera plus ce que vous imaginez aujourd'hui quand vous y pensez.

Quand j'étais petite, je fréquentais l'école primaire d'un village. Je suis restée presque 10 ans sans revoir cette école et, quand j'y suis finalement retournée, lors d'un pèlerinage sur mon enfance, j'ai été franchement étonnée de constater à quel point cette école était beaucoup plus petite que le souvenir que j'en avais toujours gardé. Lorsque j'y pensais, c'était avec les dernières références de petite fille que j'avais enregistrées dans ma mémoire. Cependant, dans les faits, j'avais changé et grandi depuis, et ma perception de cette école n'était définitivement plus la même.

Il est probable qu'au cours des dernières semaines passées au travail votre état dépressif vous ait fait faire une expérience bien particulière de votre milieu de travail : peut-être y avait-il certains aspects du fonctionnement au bureau qui vous irritaient au plus haut point ; des collègues vous étaient peut-être devenus franche- ment intolérables, par exemple, ou certaines opinions et certains conflits vous atteignaient-ils et vous blessaient-ils profondément. Quand vous y repensez, c'est avec les dernières images et impres- sions qui vous sont restées en tête, tout comme lorsque je pensais à mon école et que je la voyais en proportion de la petite fille que j'étais lors de mon dernier séjour.

Une fois que vous serez rétabli et que vous vous serez débarrassé de la maladie, les choses vous sembleront sans doute changées et n'auront plus la même saveur lorsque vous en ferez à nouveau l'expérience. Vous changerez alors les vieilles images par de nou- velles et serez surpris de constater que ce n'est pas difficile comme vous l'imaginiez.

Les émotions suscitées par l'arrêt de travail

La crainte d'être perçu comme un fraudeur. Parce que votre han- dicap de fonctionnement n'est pas visible, vous redoutez peut-être que l'on ne vous croie pas, que vos collègues pensent que vous exagérez ou que vous vous écoutez trop. Eh bien, sachez que vos collègues peuvent penser à peu près n'importe quoi et qu'il peut y avoir autant de réactions différentes qu'il y a de personnes... Mais, il faut réaliser deux choses : premièrement, vous ne pourrez jamais contrôler ce que les autres ont en tête et, deuxièmement, ce que les autres pensent de vous *ne change pas ce que vous êtes !*

Imaginons qu'une collègue dont le portefeuille a été dérobé croit que c'est vous qui le lui avez pris parce que vous êtes passé dans son bureau pendant deux minutes au cours de la matinée... Mais vous savez que ce n'est pas vous. Vous pouvez vous sentir blessé de son manque de confiance en vous, mais en aucun temps vous ne vous sentiriez honteux comme si vous aviez vraiment volé son portefeuille! De la même manière, si certains collègues croient que vous fraudez alors que vous savez que c'est faux, vous n'avez pas à avoir honte ou à vous sentir coupable. Tout au plus pourriez-vous éprouver de la déception en constatant leur manque de compréhension à votre égard.

De plus, quand vous parlerez plus ouvertement de ce qui vous arrive (et vous le ferez probablement quand vous vous sentirez un peu mieux), vous serez peut-être surpris du nombre de personnes qui vous confieront qu'elles ont déjà été également frappées par cette maladie et qui vous diront de prendre votre temps pour vous en remettre. Peut-être même que plusieurs personnes compatissantes ont déjà commencé à vous mettre à l'aise en vous racontant leur propre expérience de la dépression.

La culpabilité. Étant donné que la ligne entre ce que nous pouvons et ne pouvons pas faire est indiscernable à l'œil nu, il arrive souvent que, dès qu'on se sent mieux, on se sente coupable de ne pas être au travail. Si vous avez eu le sentiment de profiter un peu de la vie pendant quelques heures, vous vous dites peut-être: «Si je suis bon pour m'amuser et sourire, je devrais être bon pour travailler... » On se sent coupable d'être absent du travail si on n'est pas toujours cloîtré à la maison, à moitié mort et terriblement souffrant. Pourtant, quand on a un bras plâtré, on n'est pas constamment plongé dans la souffrance et on accepte de prendre le temps de guérir complètement. Alors, pourquoi avoir l'impression de flouer le système chaque fois que la dépression vous laisse un répit? Il est légitime et grandement souhaitable de cheminer et de consolider la guérison de la dépression avant de remettre l'épaule à la roue. Cela implique que vous vivrez des moments où vous vous sentirez bien; cette situation est tout à fait légitime.

La dévalorisation. Même si vous devez cesser vos activités professionnelles pour vous reposer, il se peut que cette prescription ait ses effets secondaires. Effectivement, le fait de ne plus travailler coupe une grande partie de nos contacts sociaux journaliers. Même si ce congé correspond peut-être à un profond désir de se retrouver seul, il nous prive aussi des sources de réconfort que sont les pairs, tout en laissant à sec une partie de notre besoin d'être affilié à un groupe d'humains.

De plus, la plupart d'entre nous aimons à nous définir par nos habiletés et nos compétences professionnelles. Souvent, quand on rencontre quelqu'un, on lui demande ce qu'il fait dans la vie. Notre travail représente une bonne part de notre identité sociale. Le fait de ne rien accomplir temporairement nous affecte dans notre sentiment d'identité et nous frustre aussi d'une source de valorisation. L'arrêt de travail peut atteindre l'individu dans son sentiment de compétence, d'utilité et de valeur personnelle. Heureusement, cette vision finit par passer pendant la période de rétablissement, avant même le retour au travail, et les gens finissent par apprécier de reprendre contact avec un autre rythme de vie plus naturel. Évolution non négligeable, dans la vie de bien des gens, la dépression constitue une occasion fantastique d'apprendre à s'apprécier pour ce qu'ils *sont* plutôt que pour ce qu'ils *font*.

Le retour au travail

Quand pourrez-vous retourner au travail ? Personnellement, j'aime que les personnes se sentent pratiquement dans leur état normal pendant deux semaines, voire un mois, avant de reprendre leurs activités professionnelles. Un retour prématuré risque seulement de précipiter une réapparition des symptômes.

Devez-vous attendre d'avoir «envie» de travailler ? Eh bien… pas tout à fait. Ce qui est important, c'est que vous vous soyez senti en forme pendant les dernières semaines. Cela ne vous empêchera pas de ressentir des appréhensions à l'égard du retour au travail. Il y a peut-être longtemps que vous ne travaillez pas, vous vous êtes habitué à un autre rythme, et quand vous pensez à votre travail, vous y repensez peut-être avec les dernières images qui vous sont restées en tête, au moment où vous étiez malade. C'est de cette façon que vous vous rappelez votre travail et vous ne savez pas si vous pourrez vous y réadapter. Cependant vous aurez vraisemblablement la surprise, en y retournant, de constater que votre expérience actuelle du travail ne correspond plus à vos souvenirs : soit vous avez changé d'attitude (par exemple, vous êtes devenu moins excessif ou perfectionniste au travail parce que vous avez compris que le travail n'est pas *tout* dans la vie), soit vous avez plus d'énergie à y consacrer, soit vous avez pris du recul par rapport à certains collègues et avez compris que leur opinion à votre égard n'est plus aussi importante et capitale pour vous, etc.

Attendez-vous cependant à vous sentir quand même assez fatigué à la fin de vos premières journées de travail. Vous sentirez peut-être un besoin plus grand de vous reposer et vous mettrez éventuellement quelques semaines à reprendre le rythme. Cependant, si vous ressentez non seulement une fatigue qui demande du repos après le travail, mais aussi une *détérioration* de votre état, n'attendez pas trop et parlez-en à votre médecin pour qu'il évalue la situation.

Idéalement, le retour au travail devrait s'effectuer de manière progressive en s'étalant sur quelques semaines. Par exemple, deux jours la première semaine ; trois jours par semaine pendant les deux ou trois semaines suivantes ; quatre jours par semaine pendant les quatrième et cinquième semaines ; et cinq jours pendant la sixième semaine. Bien sûr, on peut opter pour une autre formule, celle-ci n'étant donnée qu'à titre d'exemple. La formule idéale pour vous reste à déterminer avec votre médecin, en tenant compte des possibilités que vous offre votre employeur. Elle vous permettra de consolider votre guérison et de reprendre le collier peu à peu, vous redonnant des habitudes de travail sans que le processus soit trop brutal. Ne vous étonnez pas des quelques erreurs d'attention que vous commettrez peut-être pendant les premières semaines et des « réapprentissages » que vous aurez sans doute à effectuer. Souvent, il suffit de partir en vacances pendant trois semaines pour « oublier » certaines procédures du travail. Alors imaginez si vous êtes absent du travail pour maladie depuis quelques mois : il est normal que vous ayez besoin de vous retremper dans les routines et que vous ne soyez pas entièrement sûr de vous au début.

Au cours des premiers jours, voire des quelques semaines suivant votre retour au travail, il y aura vraisemblablement une réaction toute normale de la part de vos collègues; ils seront peut-être plus attentifs qu'avant à votre rendement et vérifieront peut-être plus souvent auprès de vous comment vous vous sentez. Ne le prenez pas mal. Il ne s'agira pas nécessairement d'un manque de confiance envers vous ou vos compétences, mais plutôt d'un intérêt plein de sollicitude et d'égards envers vous.

Si vous-même saviez qu'une collègue est de retour après une convalescence de plusieurs semaines à la suite d'une chirurgie importante, vous seriez sans doute plus à l'affût pour lui faciliter les choses, et ce, non pas dans l'intention de la «surveiller»!

Prenez donc le temps de vous acclimater à votre retour, de vous réhabituer aux dossiers et de reprendre le rythme d'un travail à plein temps. Et si certains collègues vous posent des questions qui vous embarrassent sur ce que vous avez traversé, vous avez tout à fait le droit de leur dire que vous préférez ne pas en parler pour le moment et que vous choisissez de profiter de vos nouvelles énergies retrouvées. À moins que vous ayez affaire à d'authentiques malotrus, ils n'insisteront pas.

Bref, la période de rétablissement n'est pas nécessairement de tout repos (c'est drôle de le dire ainsi!) et bien des petites contrariétés peuvent se présenter: visites multipliées aux intervenants de la santé, alors que vous voudriez vous reposer et ne pas toujours recommencer à «raconter votre histoire», ce qui vous replonge irrémédiablement dans vos souffrances (vous préféreriez sans doute pouvoir «oublier» tout ça pendant un certain temps); retard dans le paiement de vos prestations d'assurance-salaire par les compagnies d'assurances, alors que vous avez bien besoin de tout votre argent, surtout si vous devez assumer des coûts supplémentaires reliés à la médication et à la psychothérapie; angoisse de ne pas connaître la date de votre retour au travail, etc.

Ce chapitre ne changera rien aux aléas concrets et bien réels auxquels vous aurez à faire face, mais j'espère simplement que le fait de mieux comprendre certains aspects de la période de rétablissement vous aidera à vous sentir moins anxieux devant ce qui se passe et à ne pas dramatiser certains aspects de vos visites médicales par manque d'informations.

C'est comme lorsque l'on apprend à patiner (je le sais, car je l'ai appris récemment) : en soi, la peur de tomber peut rendre l'événement deux fois plus fatigant que l'effort réel demandé aux muscles des jambes !

10

Dansez, mais devenez le meneur !

C omme on l'a vu précédemment, la dépression nous attaque sur plusieurs fronts : dans certaines de nos fonctions physiologiques (sommeil, appétit, concentration, fatigabilité physique, etc.), sur le plan de nos humeurs (tristesse, irritabilité, etc.) et dans nos pensées (pessimisme, dévalorisation de soi, etc.). J'ai déjà expliqué comment la médication peut vous aider à rétablir vos fonctions physiologiques et comment la psychothérapie est utile au rétablissement de votre équilibre psychique. Cependant, dans un souci de réalisme, je dois considérer le fait que la psychothérapie ne vous est peut-être pas accessible dans l'immédiat. Voici donc quelques pistes de travail ou de réflexion que vous pouvez suivre afin de ne pas laisser tout le champ libre à la dépression qui vous frappe. En les utilisant pour vous guider, vous pourrez vous acheminer vers le rôle de meneur dans la situation que vous traversez en ce moment. De façon générale, vous pouvez agir sur vos pensées négatives en les empêchant de prendre de l'ampleur, en les désamorçant, en apprenant à les critiquer et à en contrôler l'apparition. Vous pouvez aussi agir sur votre estime personnelle en apprenant à développer un meilleur respect et un plus grand amour de vous-même.

UN DISCOURS INTÉRIEUR NÉGATIF

Il est assez rare que « ça arrête de penser » dans notre tête. Ce discours intérieur est vécu comme une conversation ininterrompue entre plusieurs « voix » qui discutent, analysent les situations et s'opposent parfois. On n'a qu'à penser à l'image de l'ange et du démon de chaque côté de la tête d'un personnage. Ces voix

représentent nos différentes tendances qui s'affrontent continuel-
lement. Plus nous vivons de conflits intérieurs, plus ces « échan-
ges » se font entendre souvent et discutent fort. Par exemple, en
tombant sur une offre d'emploi dans le journal, la personne qui se
cherche du travail pourrait se dire : « Tiens ! Cet emploi semble inté-
ressant !… Oui, mais je n'ai sûrement pas les compétences requi-
ses !… J'ai quand même un peu d'expérience. Mais pourquoi vou-
drait-on de moi ? Il y a sûrement des gens meilleurs que moi ! Je
pourrais postuler, je n'ai rien à perdre ! Bah, un tien vaut mieux que
deux tu l'auras ! Pourtant, ça me ferait du bien de relever de nou-
veaux défis ! Pourquoi je cherche encore les problèmes ? Je ne suis
quand même pas maltraité à mon travail actuel et je sais déjà à qui
j'ai affaire ! »

Il n'y a pas que « l'ange et le démon » qu'on entend dans sa
tête ; il y a le père, la mère, le professeur, le partenaire amoureux,
etc. Il est toujours fort instructif de se mettre à observer son propre
dialogue intérieur pour en étudier la teneur. Quelles sont les voix
dominantes ? La voix de la prudence ? de la peur ? de l'accusation ?
du reproche ? de l'indécision ? de la rébellion ? la voix créative ?
conseillère ? protectrice ? raisonnable ? Sur quel ton est-ce que je me
parle le plus souvent ? Avec sympathie ou agressivité ? En faisant
preuve de courtoisie ou en m'insultant moi-même ? Je me rassure
ou je me répète inlassablement tout ce qui pourrait aller de travers ?
Je me parle avec chaleur ou en m'humiliant ? J'ai un ton critique ou
je me valorise ? Je me dévalorise ou je m'encourage ? À quelle personne de ma famille ou de mon passé ma voix intérieure me fait-
elle penser ? Qui ma voix pourrait-elle représenter parmi les gens
que j'ai connus ?

Lorsque l'on vit une dépression, il semble que les styles de
monologues intérieurs les plus fréquents soient le discours déva-
lorisant et le discours anxieux.

Avoir un discours anxieux, cela veut dire qu'on génère des
craintes à l'intérieur de soi en ne cessant de ruminer un avenir
imaginaire plein d'éventuels scénarios négatifs ou encore qu'on
crée un état de malaise intérieur en se remémorant inlassablement

des expériences passées qui ont été pénibles et difficiles à vivre. Quand vous vous surprenez à agir de la sorte, prenez d'abord conscience que vous vous êtes projeté dans le passé ou dans le futur : il ne vous restera ensuite qu'à désamorcer votre mécanisme de pensée en revenant dans votre présent immédiat. La façon la plus simple et la plus rapide de procéder est d'utiliser vos cinq sens : cela vous rebranche sur votre corps, qui n'est jamais nulle part ailleurs que dans le présent réel.

Cela peut donner un discours-contrôle semblable à celui-ci :

- Qu'est-ce que j'entends ? Le tic-tac de l'horloge, le bruit de la télévision, les voitures dans la rue, le bourdonnement des conversations dans le restaurant, la tondeuse du voisin, la respiration du chien, le vent, la pluie, etc.
- Qu'est-ce que je sens ? Mon parfum, un aliment qui cuit, les mégots dans le cendrier, le tapis neuf, l'émanation des voitures, etc.
- Avec quoi mon corps est-il en contact ? Mes bras touchent les accoudoirs du fauteuil ; mes mains tiennent le volant de la voiture ; mes coudes reposent sur la table, mon dos, contre le dossier, mes fesses, contre le siège ; je sens la douceur du tissu sur ma peau, je sens le vent dans mes cheveux, la texture crémeuse du baume protecteur pour mes lèvres, le froid ou la tiédeur de la pièce où je me trouve, etc.
- Qu'est-ce que ça goûte dans ma bouche ? Les aliments que je mange, la gomme que je mâche, l'haleine caractéristique de la faim, etc.
- Qu'est-ce que je vois ? Les meubles et décorations qui m'entourent (énumérez-les un par un : la télé, le miroir, le bibelot, le fauteuil, la table, les revues, etc.), la pelouse, les enfants dehors, la voiture qui vient de passer, etc.

Si vous prenez vraiment le temps de passer en revue tout ce qui transite actuellement par vos cinq sens, vous réussirez à détourner votre esprit des pensées anxiogènes qui l'assaillent.

Il est aussi très utile de se rappeler qu'il n'y a pas de menace immédiate réelle. Cela peut se faire par des questions de ce genre :

- Suis-je à la chaleur et à l'abri des intempéries ?
- Y a-t-il une menace immédiate à ma survie ?
- Pourrais-je m'installer plus confortablement ?
- Est-ce que je pourrais être en train de faire autre chose que d'anticiper mon avenir ou ruminer mon passé ?
- Est-ce qu'il m'arriverait quelque chose de grave si je poursuivais mes réflexions anxieuses seulement dans une heure ?

Vous pourriez également vous établir un horaire pour ruminer : par exemple, au premier quart d'heure de chaque heure. Ainsi, de 13 h à 13 h 15, de 14 h à 14 h 15, etc. Puisqu'il est rarement bon de changer trop rapidement de comportement, le fait de continuer à vous réserver du temps pour vous morfondre vous permettra de respecter vos habitudes tout en vous acheminant vers une nouvelle manière de faire. De plus, il arrive qu'on se sente protégé par notre anxiété, car on a le sentiment qu'elle nous aide à prévoir les dangers. Ainsi, en continuant à vous réserver du temps quotidiennement pour envisager le pire, vous vous donnerez le sentiment de sécurité dont vous avez besoin. Si vous prenez 15 minutes par heure et que vous êtes éveillé pendant 16 heures au cours de la journée, cela totalisera 4 heures de soucis chaque jour. Cela vous semble-t-il suffisamment long et raisonnable ?

En profitant de cette permission de continuer à faire un peu d'anxiété, vous pourriez vous donner rendez-vous, debout devant un miroir, pour vous regarder pendant que vous vous faites du souci ou vous pourriez vous astreindre à adopter n'importe quelle position inconfortable. Cela vous aidera à vous souvenir d'arrêter au bout de quelques minutes, car vous voudrez vous asseoir ou reprendre une position plus confortable.

Chaque fois que vous vous surprendrez à « vous ronger » en dehors de l'horaire prévu, ressaisissez-vous et détournez vos pensées en les ramenant dans une conscience du présent. Il faudra peut-être vous y reprendre plusieurs dizaines de fois par jour au début pour faire taire votre dialogue intérieur générateur d'anxiété et vous recentrer sur le présent. Vous prendrez peu à peu conscience de la fréquence et de l'ampleur avec laquelle vos pensées génératrices d'anxiété vous contaminent. De plus, à force de les arrêter et de les remplacer systématiquement, vous finirez par développer d'autres habitudes de pensée.

Nous avons précédemment vu qu'en plus de nourrir des pensées anxieuses notre discours intérieur et notre façon de nous parler à nous-mêmes peuvent entretenir des sentiments de non-valeur personnelle. Intérieurement, sur quel ton vous parlez-vous? Vous faites-vous constamment des reproches sur vos capacités ou vos réalisations? Il est très utile de s'entraîner à observer la façon dont on se traite intérieurement et d'en devenir conscient. Je me souviens de la première fois où j'ai pris conscience de la violence de mon dialogue interne: je m'adressais des reproches dégradants simplement parce que j'avais oublié de rapprocher mon tournevis alors que je posais seule des stores dans mon appartement. Il ne s'agissait pas seulement d'une impatience envers la tâche, mais bien d'invectives personnelles. À partir de ce jour, j'ai décidé d'être attentive à ma façon de me parler et de la remettre en question. J'ai mis environ 18 mois à désamorcer complètement cette habitude de m'engueuler. Cette façon de se traiter et de se parler constitue souvent une sorte d'écho aux voix de notre entourage que nous avons « avalées » et que nous avons laissées devenir autonomes à l'intérieur de nous, même si les personnes qui nous ont inspiré ce type de discours ne sont plus présentes dans notre vie. Un travail thérapeutique très important peut s'élaborer autour de ces voix intérieures.

UNE ESTIME DE SOI À SOIGNER

S'il est vrai que la plupart d'entre nous pourrions avoir une meilleure estime de nous-mêmes, cela est encore plus vrai quand la maladie de la dépression se met de la partie. Souvent, les clients se demandent comment on fait pour remonter son estime de soi. La réponse peut être simple ou détaillée. Je livre ici la réponse simple, car la réponse détaillée (incluant des exercices correctifs) fait déjà l'objet de nombreux livres. Je vous recommanderai plus loin d'excellentes lectures à ce sujet.

En attendant, je répondrai par une question : « Que feriez-vous pour un ami qui est démoralisé ou qui se sent moche ? Que feriez-vous pour qu'il se sente valable à nouveau ? »

Vraisemblablement, vous vous en occuperiez. Vous trouveriez une façon de lui signifier que vous pensez à lui, qu'il est important pour vous. Vous tiendriez compte de ses besoins, vous prendriez soin de lui, vous lui rappelleriez ses qualités, les raisons pour lesquelles vous l'aimez. Vous lui accorderiez sans doute du temps et de l'écoute. Vous souligneriez ses succès, ses compétences, sa valeur. Vous feriez preuve d'indulgence, de compassion et de compréhension, de chaleur et d'amour. Vous voudriez le consoler et le mettre à l'aise par rapport à ses fautes. Vous essaieriez de lui faire sentir qu'il fait partie de vos priorités, que vous l'investissez. Vous lui feriez peut-être des petits cadeaux, vous auriez pour lui des petites attentions personnelles.

Pour avoir une meilleure estime de vous-même, il faut tout simplement vous traiter vous-même comme vous traiteriez un très bon ami.

Avez-vous de l'indulgence pour vos fautes et vos manquements ou vous fustigez-vous pour tout ce qui n'est pas parfait en vous ?

Essayez-vous vraiment de tenir compte de vos besoins ou vous obstinez-vous à trouver le moyen de continuer à vous surmener, à endurer des relations néfastes pour vous, etc. ?

Tenez-vous compte de votre personnalité et de votre nature dans les choix que vous faites ou essayez-vous de correspondre coûte que coûte à ce que les autres désirent que vous soyez ?

Voilà la réponse simple. Réfléchissez-y longuement.

LECTURES RECOMMANDÉES

À tous ceux qui veulent approfondir le concept d'estime personnelle et veulent des stratégies plus détaillées ainsi que des exercices concrets à faire afin de la développer sainement, je souligne qu'il existe d'excellents livres sur le sujet. Je ne peux que vous encourager à vous les procurer, particulièrement si une démarche psychothérapeutique avec un psychologue vous est impossible pour le moment.

Jean Monbourquette est un auteur efficace et concret doublé d'un excellent vulgarisateur. Il a écrit plusieurs ouvrages, dont certains sur le deuil, la perte, et l'« ombre » du soi (cette partie de nous que nous n'aimons pas). Pour le moment, je vous recommande particulièrement son livre intitulé Stratégies pour développer l'estime de soi et l'estime du Soi. Vous y trouverez une foison d'exercices concrets à faire, tant pour maîtriser votre dialogue intérieur et vos pensées négatives que pour reconstruire votre estime personnelle. Monbourquette a écrit ce livre en collaboration avec d'autres auteurs. Vous en trouverez la référence bibliographique complète à la fin de cet ouvrage. Il a aussi écrit *De l'estime de soi à l'estime du Soi,* qui constitue en quelque sorte une introduction théorique préliminaire, mais non essentielle pour comprendre, à son recueil d'exercices pratiques. Entre autres choses, il nous apprend à faire la différence entre les notions de confiance en soi et d'estime de soi. La confiance en soi renvoie à notre « faire » ; elle consiste à croire en notre capacité et en notre compétence à faire quelque chose. La seconde renvoie davantage à notre « être » ; elle consiste à croire en notre valeur personnelle en regard de ce que l'on est intérieurement comme personne.

François Lelord et Christophe André sont deux psychiatres qui sont aussi d'excellents vulgarisateurs. Ils ont une approche très concrète et très collée à la réalité, utilisant moult exemples pratiques dans leurs propos. Ils ont écrit sur plusieurs sujets qui nous touchent tous de près et, comme dans le cas de Monbourquette, vous aurez sûrement grand plaisir à explorer leurs œuvres qui couvrent des thèmes tels que les émotions, les personnalités difficiles dans notre entourage et, sujet qui nous occupe particulièrement ici, l'estime de soi. Je vous recommande donc leur livre intitulé L'estime de soi, qui présente aussi des façons concrètes et détaillées de maîtriser un dialogue intérieur révisé, positif, générateur d'une meilleure estime de soi et apte à secouer la paralysie générale qu'engendre un discours aussi invalidant que défaitiste. Pour ceux qui voudraient mieux comprendre comment on vit parfois avec des blessures enfouies au plus profond de nous et restées informulées, mais qui agissent tout de même de façon négative sur nos comportements et nos sentiments, je suggère les livres de John Bradshaw (*La famille, Retrouver l'enfant en soi*), qui est lui aussi un excellent vulgarisateur et qui maîtrise l'art de nous mettre sur la piste de nos blessures inconscientes, afin de s'en libérer par un important travail intérieur et fondamental. Il peut être souhaitable que vous ayez accès aux services d'un psychologue au cours de ces lectures, car elles provoquent souvent des prises de conscience percutantes, qui demandent à être « digérées » avec l'aide d'un accompagnateur compétent.

Pour finir, dans **La dépression, comment en sortir**, le Dr Christine Mirabel-Sarron consacre les chapitres 9 et 10 à démontrer de quelle façon on peut agir sur nos comportements et nos pensées quand on est atteint de dépression. Elle présente un programme détaillé, élaboré avec des exemples concrets et précis.

De plus en plus de libraires permettent de consulter les livres sur place et de les feuilleter avant de les acheter. Profitez donc de cette opportunité afin de déterminer lequel semble le mieux correspondre à votre style. Vous pouvez également vous adresser à votre bibliothèque municipale, qui les possède peut-être et pourrait vous en faire le prêt. Cependant, à mon avis, ce sont là des livres à acheter, car vous voudrez peut-être les annoter et pouvoir vous y référer à plus long terme que les trois semaines généralement imparties aux prêts de volumes dans les bibliothèques municipales. Le travail auquel vous vous attellerez demande que vous preniez tout le temps nécessaire pour l'accomplir profondément et de façon durable.

Même si actuellement vous êtes trop fatigué pour entreprendre des exercices écrits et systématiques, vous pourriez peut-être simplement lire ces livres dont les concepts feront certainement leur chemin dans votre tête à défaut de le faire tout de suite dans un cahier d'exercices.

Conclusion

D'abord, je vous dis encore bravo de vous être procuré ce livre : vous agissez comme quelqu'un qui PEUT FAIRE QUELQUE CHOSE avec la dépression qui le frappe. C'est là l'essentiel et vous démontrez beaucoup de jugement.

La dépression peut nous tomber dessus comme une grippe ; elle peut aussi se bâtir dans des conditions de vie qui ne respectent pas les besoins humains (conditions de travail, relations personnelles néfastes, etc.) ou dans un contexte qui nous expose à des changements trop nombreux ou trop importants auxquels on a du mal à s'adapter ; elle peut également faire suite à une perte quelconque (rupture amoureuse, décès, perte d'emploi, de statut ou d'intégrité physique, perte financière, etc.), être reliée à des douleurs ou à une incapacité de longue durée (une maladie chronique, par exemple) ou à des facteurs héréditaires entraînant une vulnérabilité à cet égard. De toutes les façons, la dépression est une affection incapacitante qui non seulement altère notre rapport avec nous-mêmes et avec notre environnement, mais affecte aussi notre vision de l'avenir. Elle change notre façon de nous sentir en ce monde et de nous mettre en relation avec les autres.

Cependant, même si la dépression est une maladie, nous avons vu qu'elle est souvent, en quelque sorte, un signal intelligent que nous envoie notre organisme pour attirer notre attention sur nos erreurs concernant la façon dont nous répondons à nos besoins fondamentaux. La société actuelle véhicule des mythes sur les capacités et les besoins humains réels. Avons-nous réellement besoin de consommer autant de biens matériels ? Sommes-nous vraiment indifférents au fait de travailler la nuit ? Est-il réellement dans notre nature d'avoir des relations interpersonnelles aussi morcelées ? Sommes-nous à l'aise avec les gestes répétitifs et cadencés des chaînes de montage ? Sommes-nous vraiment dans notre élément dans l'instabilité actuelle ? Qu'en est-il, par exemple, de l'instabilité de nos horaires de travail ou de nos lieux de résidence, de l'irrégularité dans le contact avec nos enfants, du roulement parmi nos collègues de travail, etc. ? Voilà peut-être pourquoi, une fois leur dépression guérie et terminée, les gens considèrent souvent que cette maladie a été une occasion de réviser leurs choix et d'améliorer leur existence. Certains disent qu'il s'agit de la période la plus difficile, mais la plus bénéfique de toute leur vie, même s'ils étaient loin de voir les choses de cette manière pendant que la maladie avait cours ! Cela me fait un peu penser aux gens qui ont subi une crise cardiaque et qui, par la suite, ont appris à modifier leur régime alimentaire. Plusieurs diront : « J'ai trouvé ça dur au début de couper le sucre et le gras, mais maintenant que j'ai perdu du poids, je dois admettre que je me sens beaucoup mieux dans mon corps ! Je suis plus en forme et je peux prendre plaisir à mes activités. »

Nous ne pouvons rien changer au fait que la psychologie constitue un champ d'étude scientifique encore très jeune et que, par conséquent, l'individu moyen n'est pas encore assez familiarisé avec les lois de la santé psychique pour leur accorder une importance aussi grande qu'aux lois de la santé physique dans ses choix quotidiens. Il est à souhaiter que l'intégration de la psychologie dans l'éducation de base se fasse le plus rapidement possible, car force est de constater que l'ignorance des besoins psychiques fondamentaux et notre lenteur à savoir y répondre adéquatement causent des dégâts et ne peuvent se perpétuer impunément, que ce soit sur le plan individuel ou collectif.

Bien qu'ils soient périmés, certains tabous persistent encore autour de la maladie mentale et de ses traitements, amenant un trop grand nombre de gens à attendre et à s'enfoncer inutilement dans la souffrance plutôt que de se diriger vers les ressources appropriées. Un des buts premiers de ce livre est de ramener la dépression au même niveau que n'importe quelle autre maladie humaine dans la conscience collective.

Manifestement, de façon générale, nous nous comportons comme si nous nous croyions tenus d'être des experts de notre fonctionnement mental. Pourtant, quand notre voiture tombe en panne ou fait un drôle de bruit, nous n'éprouvons aucune honte à l'amener au garagiste pour qu'il pose un diagnostic et effectue la réparation nécessaire. Quand nous avons une carie, qu'une dent nous fait mal ou que nous avons besoin d'un nettoyage, nous allons sans gêne chez le dentiste pour recevoir les soins appropriés. Quand nous souffrons d'une douleur persistante au ventre, nous demandons au médecin de procéder à divers examens et nous ne nous culpabilisons pas en nous demandant ce que nous avons fait de mal pour souffrir ainsi. Nous ne nous sentons jamais honteux des bris ou des besoins qui surviennent et nous n'hésitons pas à faire appel à un spécialiste; nous ne nous sentons pas invalidés dans notre valeur personnelle de ne pas posséder la science du spécialiste.

Que se passe-t-il donc quand il s'agit de notre psyché? Qu'y a-t-il tout à coup de tellement spécial dans ce domaine? Allons, montrons un peu de sérieux et acceptons notre incapacité à tout régler par nous-mêmes, dans ce domaine comme dans tous les autres!

On ne souhaite la dépression à personne, parce qu'elle est dure à vivre. Cependant, il faut admettre que, bien souvent, lorsqu'on en tire tout ce qu'il y a à en comprendre pour soi-même, cette maladie est à l'origine d'un bond important dans l'évolution personnelle. La dépression est comme une incapacité à poursuivre votre route, une nécessité de vous arrêter et de prendre un départ vers la découverte de vous-même. Cette maladie apparaît en quelque sorte comme une amie qui vous arrête, vous empêche de continuer à vous abîmer et vous amène dans la nécessité d'en apprendre plus sur vous-même. Elle augmente le «volume» de votre contact avec vous-même et vous rend extrêmement sensible à vous-même. Elle constitue une occasion de vous connaître, parce que vous apprenez à vous *entendre*. La dépression amène une plus grande conscience de soi tout comme la maladie physique amène une plus grande conscience du corps. La dépression est souvent un cri intelligent qui ramène la personne sur le chemin de la santé *en lui enseignant ce dont elle a besoin et ce dont elle n'a pas besoin.*

La plante a besoin d'eau, de soleil, d'une bonne terre et d'engrais si on veut qu'elle produise des fruits dont on pourra se nourrir. Cela est purement et simplement du gros bon sens. Il n'est pas moins sensé de vouloir être attentif à ses besoins psychiques et il ne faut surtout pas confondre la volonté de s'épanouir avec le nombrilisme ou l'égoïsme.

Vous avez peut-être besoin d'apprendre à vous brancher sur vous, à être dans le présent, à goûter à nouveau, comme dans votre jeunesse, le temps qui passe et à vous extirper ainsi du rythme artificiel actuel. Vous devez peut-être apprendre à vous aimer fondamentalement pour votre «être» plus que pour votre «faire». Cette maladie vous permettra vraisemblablement de réévaluer bien des sphères de votre vie.

Souffrir de dépression, c'est un peu comme traverser l'enfer, mais lorsqu'elle est bien traitée et qu'on lui donne un sens, elle est aussi la meilleure chose qui puisse nous arriver. Elle ressemble parfois à un rite initiatique angoissant et difficile à traverser, mais qui transforme pour le mieux notre façon de percevoir et de mener notre vie.

Ce qu'il faut savoir par-dessus tout, c'est que la dépression PASSERA, et ce, d'autant plus vite que vous travaillerez activement à vous en débarrasser.

Bibliographie

BRADSHAW, John. *Retrouver l'enfant en soi : partez à la découverte de votre enfant intérieur,* Montréal, Le Jour Éditeur, 1992, 376 p.
_____. *La famille : une nouvelle façon de créer une solide estime de soi,* édition revue et corrigée, Montréal, Éditions Sciences et Culture Inc., 2004, 362 pages.

DEBIENCOURT, Olga. « La dépression : un difficile arrimage de soins », *Psychologie Québec : le magazine des psychologues du Québec,* vol. XVI, n⁰ 3, mai 1999.

DESJARDINS, Sophie. « La recherche dans le traitement de la dépression majeure : une orientation pharmacologique », *Psychologie Québec : le magazine des psychologues du Québec,* vol. XVI, n⁰ 3, mai 1999.

FLACH, Frederick F. *Les forces secrètes de la dépression,* Montréal, Éditions Presses Select Ltée, 1974, 279 p.

GAUDREAULT, André. « L'impact de la médication sur l'évaluation psychologique », *Psychologie Québec : le magazine des psychologues du Québec,* vol. XXII, n⁰ 1, janvier 2005.

LALONDE, P., J. AUBUT, F. GRUNBERG et collaborateurs. *Psychiatrie clinique : approche bio-psycho-sociale,* Montréal, Gaétan Morin Éditeur, 1988, 1348 p.

LELORD, François, et Christophe ANDRÉ. *L'estime de soi : s'aimer pour mieux vivre avec les autres,* Paris, Éditions Odile Jacob, « Poches », 2002, 320 p.

_____. *Comment gérer les personnalités difficiles,* Paris, Éditions Poches Odile Jacob, 2000, 372 p.

MIRABEL-SARRON, Dʳ Christine. *La dépression, comment en sortir,* Paris, Éditions Odile Jacob, 2002, 245 p.

MONBOURQUETTE, Jean. *De l'estime de soi à l'estime du Soi,* Montréal, Éditions Novalis – Bayard, 2002, 224 p.

MONBOURQUETTE, Jean, Myrna LADOUCEUR et Isabelle D'ASPREMONT. *Stratégies pour développer l'estime de soi et l'estime du Soi,* Montréal, Éditions Novalis – Bayard, 2003, 416 p.

MOODY, Dᵣ Raymond. *La vie après la vie.* Paris, Éditions J'ai Lu, « Aventure Secrète », 1977, 189 p.
————. *Lumières nouvelles sur la vie après la vie,* Paris, Éditions J'ai Lu, « Aventure Secrète », 1978, 156 p.
————. *La lumière de l'au-delà,* Paris, Éditions Robert Laffont, 1988, 201 p.

POIRIER, Hervé, Valérie GREFFOZ et Bertrand VILLERET, « Le vide est plein d'énergie », *Science & Vie,* nᵒ 1029, juin 2003.

RHEAULT, Denis. *Moyens pour vaincre la panique,* Trois-Rivières, Les Éditions du Parapluie, 2000, 191 p.

ROY, Marie-Claude. « Les antidépresseurs : quoi de neuf ? », *Psychologie Québec : le magazine des psychologues du Québec,* vol. XVI, nᵒ 3, mai 1999.

TORTORA, G. J., et S. R. GRABOWSKI. *Principes d'anatomie et de physiologie,* 7ᵉ édition, Anjou, Centre Éducatif et Culturel Inc., 1994, 1204 p.

TRINH XUAN THUAN. *Le chaos et l'harmonie : la fabrication du réel,* Paris, France Loisirs, 1998, 478 p.

VAN EERSEL, Patrice. *La source noire : révélations aux portes de la mort,* Paris, Éditions Grasset et Fasquelle (Le Livre de Poche), 1986, 446 p.

Table des matières